最新法律文件解读丛书

行政与执行法律文件解读

XINGZHENG YU ZHIXING FALU WENJIAN JIEDU

最新法律文件解读丛书编选组　编

总第181辑　2020.01

人民法院出版社

图书在版编目(CIP)数据

行政与执行法律文件解读．总第181辑/最新法律文件解读丛书编选组编．--北京:人民法院出版社，2020.3

(最新法律文件解读丛书)

ISBN 978-7-5109-2776-8

Ⅰ.①行… Ⅱ.①最… Ⅲ.①行政法-法律解释-中国 Ⅳ.①D922.105

中国版本图书馆CIP数据核字(2020)第031884号

行政与执行法律文件解读·总第181辑

最新法律文件解读丛书编选组　编

责任编辑　张　奎
出版发行　人民法院出版社
地　　址　北京市东城区东交民巷27号　邮编　100745
电　　话　(010)67550673(责任编辑)　67550558(发行部查询)
　　　　　　65223677(读者服务部)
客服QQ　2092078039
网　　址　http://www.courtbook.com.cn
E-mail　courtbook@sina.com
印　　刷　三河市国英印务有限公司
经　　销　新华书店
开　　本　787毫米×1092毫米　1/16
字　　数　123千字
印　　张　8
版　　次　2020年3月第1版　2020年3月第1次印刷
书　　号　ISBN 978-7-5109-2776-8
定　　价　22.00元

卷首语

本辑收录了《全国人民代表大会常务委员会关于废止有关收容教育法律规定和制度的决定》（以下简称《废止收容决定》）、《保障农民工工资支付条例》《最高人民法院、司法部、中华全国律师协会关于深入推进律师参与人民法院执行工作的意见》（以下简称《律师参与执行意见》）、《最高人民法院关于在执行工作中进一步强化善意文明执行理念的意见》（以下简称《善意文明执行意见》）、《市场监督管理执法监督暂行规定》等重要规范文件。

收容教育制度实施 20 多年来，对于维护良好的社会风气和社会治安秩序发挥了重要作用。随着全面依法治国的深入推进和法律体系的不断完善，以及治安管理处罚法与刑法的有效衔接，收容教育措施在实践中已经较少适用，全国人民代表大会常务委员会作出《废止收容决定》，收容教育制度的历史作用已经完成，这是以法治思维和法治方式加强社会管理的重要体现。

《保障农民工工资支付条例》坚持源头治理、系统治理、综合治理，以保护广大农民工的合法权益，建立健全欠薪零容忍的制度体系、监管有效的工作格局、惩处有力的执法机制为目标，为保障农民工工资支付提供坚实的法治保障。

《律师参与执行意见》的出台，有助于明确律师在促进人民法院执行工作中的地位和作用，为推进律师全面、深入参与执行工作提供充分依据；在建立健全解决执行难长效机制、凝聚各方面力量推进全面依法治国和社会诚信体系建设等方面有着积极的作用。《善意文明执行意见》与善意文明执行典型案例的发布，强调执行是公平正义最后一道防线的最后一个环节。强化善意文明执行理念，在依法保障胜诉当事人合法权益同时，最大限度减少对被执行人权益影响，实现法律效果与社会效果有机统一，是维护社会公平正义、促进社会和谐稳定的必然要求。

《市场监督管理执法监督暂行规定》对执法监督全过程作出系统详实的规定，对于推动执法监督工作制度化、规范化，督促市场监督管理部门依法履行职责、规范行政执法行为、保护行政相对人合法权益具有重要意义。

《最新法律文件解读》丛书
编 辑 部

兰丽专　（010）67550626

姜　峤　（010）67550573

丁丽娜　（010）67550608

张　奎　（010）67550673

路建华　（010）67550660

执行编辑　张　奎

邮　　箱　271717306@qq.com

目录

法律、法律性文件与解读

行政法规、法规性文件与解读

司法解释、司法指导性文件与解读

部门规章、规章性文件与解读

司法实务问题研究

新类型疑难案例选评

法律、法律性文件与解读

全国人民代表大会常务委员会
关于废止有关收容教育法律规定和制度的决定

（2019年12月28日第十三届全国人民代表大会常务委员会第十五次会议通过 2019年12月28日中华人民共和国主席令第四十二号公布 自2019年12月29日起施行）

第十三届全国人民代表大会常务委员会第十五次会议决定：

一、废止《全国人民代表大会常务委员会关于严禁卖淫嫖娼的决定》第四条第二款、第四款，以及据此实行的收容教育制度。

二、在收容教育制度废止前，依法作出的收容教育决定有效；收容教育制度废止后，对正在被依法执行收容教育的人员，解除收容教育，剩余期限不再执行。

本决定自2019年12月29日起施行。

行政法规、法规性文件与解读

保障农民工工资支付条例

2019年12月30日　　　　　　　　　　国务院令第724号

第一章　总　则

第一条　为了规范农民工工资支付行为，保障农民工按时足额获得工资，根据《中华人民共和国劳动法》及有关法律规定，制定本条例。

第二条　保障农民工工资支付，适用本条例。

本条例所称农民工，是指为用人单位提供劳动的农村居民。

本条例所称工资，是指农民工为用人单位提供劳动后应当获得的劳动报酬。

第三条　农民工有按时足额获得工资的权利。任何单位和个人不得拖欠农民工工资。

农民工应当遵守劳动纪律和职业道德，执行劳动安全卫生规程，完成劳动任务。

第四条　县级以上地方人民政府对本行政区域内保障农民工工资支付工作负责，建立保障农民工工资支付工作协调机制，加强监管能力建设，健全保障农民工工资支付工作目标责任制，并纳入对本级人民政府有关部门和下级人民政府进行考核和监督的内容。

乡镇人民政府、街道办事处应当加强对拖欠农民工工资矛盾的排查和调处工作，防范和化解矛盾，及时调解纠纷。

第五条　保障农民工工资支付，应当坚持市场主体负责、政府依法监管、社会协同监督，按照源头治理、预防为主、防治结合、标本兼治的要求，依法根治拖欠农民工工资问题。

第六条 用人单位实行农民工劳动用工实名制管理，与招用的农民工书面约定或者通过依法制定的规章制度规定工资支付标准、支付时间、支付方式等内容。

第七条 人力资源社会保障行政部门负责保障农民工工资支付工作的组织协调、管理指导和农民工工资支付情况的监督检查，查处有关拖欠农民工工资案件。

住房城乡建设、交通运输、水利等相关行业工程建设主管部门按照职责履行行业监管责任，督办因违法发包、转包、违法分包、挂靠、拖欠工程款等导致的拖欠农民工工资案件。

发展改革等部门按照职责负责政府投资项目的审批管理，依法审查政府投资项目的资金来源和筹措方式，按规定及时安排政府投资，加强社会信用体系建设，组织对拖欠农民工工资失信联合惩戒对象依法依规予以限制和惩戒。

财政部门负责政府投资资金的预算管理，根据经批准的预算按规定及时足额拨付政府投资资金。

公安机关负责及时受理、侦办涉嫌拒不支付劳动报酬刑事案件，依法处置因农民工工资拖欠引发的社会治安案件。

司法行政、自然资源、人民银行、审计、国有资产管理、税务、市场监管、金融监管等部门，按照职责做好与保障农民工工资支付相关的工作。

第八条 工会、共产主义青年团、妇女联合会、残疾人联合会等组织按照职责依法维护农民工获得工资的权利。

第九条 新闻媒体应当开展保障农民工工资支付法律法规政策的公益宣传和先进典型的报道，依法加强对拖欠农民工工资违法行为的舆论监督，引导用人单位增强依法用工、按时足额支付工资的法律意识，引导农民工依法维权。

第十条 被拖欠工资的农民工有权依法投诉，或者申请劳动争议调解仲裁和提起诉讼。

任何单位和个人对拖欠农民工工资的行为，有权向人力资源社会保障行政部门或者其他有关部门举报。

人力资源社会保障行政部门和其他有关部门应当公开举报投诉电话、网站等渠道，依法接受对拖欠农民工工资行为的举报、投诉。对于举报、投诉的处理实行首问负责制，属于本部门受理的，应当依法及时处理；不属于本部门受理的，应当及时转送相关部门，相关部门应当依法及时处理，并将处理结果告知举报、投诉人。

第二章　工资支付形式与周期

第十一条　农民工工资应当以货币形式，通过银行转账或者现金支付给农民工本人，不得以实物或者有价证券等其他形式替代。

第十二条　用人单位应当按照与农民工书面约定或者依法制定的规章制度规定的工资支付周期和具体支付日期足额支付工资。

第十三条　实行月、周、日、小时工资制的，按照月、周、日、小时为周期支付工资；实行计件工资制的，工资支付周期由双方依法约定。

第十四条　用人单位与农民工书面约定或者依法制定的规章制度规定的具体支付日期，可以在农民工提供劳动的当期或者次期。具体支付日期遇法定节假日或者休息日的，应当在法定节假日或者休息日前支付。

用人单位因不可抗力未能在支付日期支付工资的，应当在不可抗力消除后及时支付。

第十五条　用人单位应当按照工资支付周期编制书面工资支付台账，并至少保存3年。

书面工资支付台账应当包括用人单位名称，支付周期，支付日期，支付对象姓名、身份证号码、联系方式，工作时间，应发工资项目及数额，代扣、代缴、扣除项目和数额，实发工资数额，银行代发工资凭证或者农民工签字等内容。

用人单位向农民工支付工资时，应当提供农民工本人的工资清单。

第三章　工资清偿

第十六条　用人单位拖欠农民工工资的，应当依法予以清偿。

第十七条 不具备合法经营资格的单位招用农民工，农民工已经付出劳动而未获得工资的，依照有关法律规定执行。

第十八条 用工单位使用个人、不具备合法经营资格的单位或者未依法取得劳务派遣许可证的单位派遣的农民工，拖欠农民工工资的，由用工单位清偿，并可以依法进行追偿。

第十九条 用人单位将工作任务发包给个人或者不具备合法经营资格的单位，导致拖欠所招用农民工工资的，依照有关法律规定执行。

用人单位允许个人、不具备合法经营资格或者未取得相应资质的单位以用人单位的名义对外经营，导致拖欠所招用农民工工资的，由用人单位清偿，并可以依法进行追偿。

第二十条 合伙企业、个人独资企业、个体经济组织等用人单位拖欠农民工工资的，应当依法予以清偿；不清偿的，由出资人依法清偿。

第二十一条 用人单位合并或者分立时，应当在实施合并或者分立前依法清偿拖欠的农民工工资；经与农民工书面协商一致的，可以由合并或者分立后承继其权利和义务的用人单位清偿。

第二十二条 用人单位被依法吊销营业执照或者登记证书、被责令关闭、被撤销或者依法解散的，应当在申请注销登记前依法清偿拖欠的农民工工资。

未依据前款规定清偿农民工工资的用人单位主要出资人，应当在注册新用人单位前清偿拖欠的农民工工资。

第四章 工程建设领域特别规定

第二十三条 建设单位应当有满足施工所需要的资金安排。没有满足施工所需要的资金安排的，工程建设项目不得开工建设；依法需要办理施工许可证的，相关行业工程建设主管部门不予颁发施工许可证。

政府投资项目所需资金，应当按照国家有关规定落实到位，不得由施工单位垫资建设。

第二十四条 建设单位应当向施工单位提供工程款支付担保。

建设单位与施工总承包单位依法订立书面工程施工合同，应当约定工程款计量周期、工程款进度结算办法以及人工费用拨付周期，并按照保障农民工工资按时足额支付的要求约定人工费用。人工费用拨付周期不得超过1个月。

建设单位与施工总承包单位应当将工程施工合同保存备查。

第二十五条 施工总承包单位与分包单位依法订立书面分包合同，应当约定工程款计量周期、工程款进度结算办法。

第二十六条 施工总承包单位应当按照有关规定开设农民工工资专用账户，专项用于支付该工程建设项目农民工工资。

开设、使用农民工工资专用账户有关资料应当由施工总承包单位妥善保存备查。

第二十七条 金融机构应当优化农民工工资专用账户开设服务流程，做好农民工工资专用账户的日常管理工作；发现资金未按约定拨付等情况的，及时通知施工总承包单位，由施工总承包单位报告人力资源社会保障行政部门和相关行业工程建设主管部门，并纳入欠薪预警系统。

工程完工且未拖欠农民工工资的，施工总承包单位公示30日后，可以申请注销农民工工资专用账户，账户内余额归施工总承包单位所有。

第二十八条 施工总承包单位或者分包单位应当依法与所招用的农民工订立劳动合同并进行用工实名登记，具备条件的行业应当通过相应的管理服务信息平台进行用工实名登记、管理。未与施工总承包单位或者分包单位订立劳动合同并进行用工实名登记的人员，不得进入项目现场施工。

施工总承包单位应当在工程项目部配备劳资专管员，对分包单位劳动用工实施监督管理，掌握施工现场用工、考勤、工资支付等情况，审核分包单位编制的农民工工资支付表，分包单位应当予以配合。

施工总承包单位、分包单位应当建立用工管理台账，并保存至工程完工且工资全部结清后至少3年。

第二十九条 建设单位应当按照合同约定及时拨付工程款，并将人工费用及时足额拨付至农民工工资专用账户，加强对施工总承包单位按时足额支付农民工工资的监督。

因建设单位未按照合同约定及时拨付工程款导致农民工工资拖欠的，建设单位应当以未结清的工程款为限先行垫付被拖欠的农民工工资。

建设单位应当以项目为单位建立保障农民工工资支付协调机制和工资拖欠预防机制，督促施工总承包单位加强劳动用工管理，妥善处理与农民工工资支付相关的矛盾纠纷。发生农民工集体讨薪事件的，建设单位应当会同施工总承包单位及时处理，并向项目所在地人力资源社会保障行政部门和相关行业工程建设主管部门报告有关情况。

第三十条 分包单位对所招用农民工的实名制管理和工资支付负直接责任。

施工总承包单位对分包单位劳动用工和工资发放等情况进行监督。

分包单位拖欠农民工工资的，由施工总承包单位先行清偿，再依法进行追偿。

工程建设项目转包，拖欠农民工工资的，由施工总承包单位先行清偿，再依法进行追偿。

第三十一条 工程建设领域推行分包单位农民工工资委托施工总承包单位代发制度。

分包单位应当按月考核农民工工作量并编制工资支付表，经农民工本人签字确认后，与当月工程进度等情况一并交施工总承包单位。

施工总承包单位根据分包单位编制的工资支付表，通过农民工工资专用账户直接将工资支付到农民工本人的银行账户，并向分包单位提供代发工资凭证。

用于支付农民工工资的银行账户所绑定的农民工本人社会保障卡或者银行卡，用人单位或者其他人员不得以任何理由扣押或者变相扣押。

第三十二条 施工总承包单位应当按照有关规定存储工资保证金，专项用于支付为所承包工程提供劳动的农民工被拖欠的工资。

工资保证金实行差异化存储办法，对一定时期内未发生工资拖欠的单位实行减免措施，对发生工资拖欠的单位适当提高存储比例。工资保证金可以用金融机构保函替代。

工资保证金的存储比例、存储形式、减免措施等具体办法，由国务院人力资源社会保障行政部门会同有关部门制定。

第三十三条 除法律另有规定外，农民工工资专用账户资金和工资保证金不得因支付为本项目提供劳动的农民工工资之外的原因被查封、冻结或者划拨。

第三十四条 施工总承包单位应当在施工现场醒目位置设立维权信息告示牌，明示下列事项：

（一）建设单位、施工总承包单位及所在项目部、分包单位、相关行业工程建设主管部门、劳资专管员等基本信息；

（二）当地最低工资标准、工资支付日期等基本信息；

（三）相关行业工程建设主管部门和劳动保障监察投诉举报电话、劳动争议调解仲裁申请渠道、法律援助申请渠道、公共法律服务热线等信息。

第三十五条 建设单位与施工总承包单位或者承包单位与分包单位因工程数量、质量、造价等产生争议的，建设单位不得因争议不按照本条例第二十四条的规定拨付工程款中的人工费用，施工总承包单位也不得因争议不按照规定代发工资。

第三十六条 建设单位或者施工总承包单位将建设工程发包或者分包给个人或者不具备合法经营资格的单位，导致拖欠农民工工资的，由建设单位或者施工总承包单位清偿。

施工单位允许其他单位和个人以施工单位的名义对外承揽建设工程，导致拖欠农民工工资的，由施工单位清偿。

第三十七条 工程建设项目违反国土空间规划、工程建设等法律法规，导致拖欠农民工工资的，由建设单位清偿。

第五章 监督检查

第三十八条 县级以上地方人民政府应当建立农民工工资支付监控预警平台，实现人力资源社会保障、发展改革、司法行政、财政、住房城乡建设、交通运输、水利等部门的工程项目审批、资金落实、施工许可、劳动用工、工资支付等信息及时共享。

人力资源社会保障行政部门根据水电燃气供应、物业管理、信贷、税收等反映企业生产经营相关指标的变化情况，及时监控和预警工资支付隐患并做好防范工作，市场监管、金融监管、税务等部门应当予以配合。

第三十九条 人力资源社会保障行政部门、相关行业工程建设主管部门和其他有关部门应当按照职责，加强对用人单位与农民工签订劳动合同、工资支付以及工程建设项目实行农民工实名制管理、农民工工资专用账户管理、施工总承包单位代发工资、工资保证金存储、维权信息公示等情况的监督检查，预防和减少拖欠农民工工资行为的发生。

第四十条 人力资源社会保障行政部门在查处拖欠农民工工资案件时，需要依法查询相关单位金融账户和相关当事人拥有房产、车辆等情况的，应当经设区的市级以上地方人民政府人力资源社会保障行政部门负责人批准，有关金融机构和登记部门应当予以配合。

第四十一条 人力资源社会保障行政部门在查处拖欠农民工工资案件时，发生用人单位拒不配合调查、清偿责任主体及相关当事人无法联系等情形的，可以请求公安机关和其他有关部门协助处理。

人力资源社会保障行政部门发现拖欠农民工工资的违法行为涉嫌构成拒不支付劳动报酬罪的，应当按照有关规定及时移送公安机关审查并作出决定。

第四十二条 人力资源社会保障行政部门作出责令支付被拖欠的农民工工资的决定，相关单位不支付的，可以依法申请人民法院强制执行。

第四十三条 相关行业工程建设主管部门应当依法规范本领域建设市场秩序，对违法发包、转包、违法分包、挂靠等行为进行查处，并对导致拖欠农民工工资的违法行为及时予以制止、纠正。

第四十四条 财政部门、审计机关和相关行业工程建设主管部门按照职责，依法对政府投资项目建设单位按照工程施工合同约定向农民工工资专用账户拨付资金情况进行监督。

第四十五条 司法行政部门和法律援助机构应当将农民工列为法律援助的重点对象，并依法为请求支付工资的农民工提供便捷的法律援助。

公共法律服务相关机构应当积极参与相关诉讼、咨询、调解等活动，帮助解决拖欠农民工工资问题。

第四十六条 人力资源社会保障行政部门、相关行业工程建设主管部门和其他有关部门应当按照“谁执法谁普法”普法责任制的要求，通过以案释法等多种形式，加大对保障农民工工资支付相关法律法规的普及宣传。

第四十七条 人力资源社会保障行政部门应当建立用人单位及相关责任人劳动保障守法诚信档案，对用人单位开展守法诚信等级评价。

用人单位有严重拖欠农民工工资违法行为的，由人力资源社会保障行政部门向社会公布，必要时可以通过召开新闻发布会等形式向媒体公开曝光。

第四十八条 用人单位拖欠农民工工资，情节严重或者造成严重不良社会影响的，有关部门应当将该用人单位及其法定代表人或者主要负责人、直接负责的主管人员和其他直接责任人员列入拖欠农民工工资失信联合惩戒对象名单，在政府资金支持、政府采购、招投标、融资贷款、市场准入、税收优惠、评优评先、交通出行等方面依法依规予以限制。

拖欠农民工工资需要列入失信联合惩戒名单的具体情形，由国务院人力资源社会保障行政部门规定。

第四十九条 建设单位未依法提供工程款支付担保或者政府投资项目拖欠工程款，导致拖欠农民工工资的，县级以上地方人民政府应当限制其新建项目，并记入信用记录，纳入国家信用信息系统进行公示。

第五十条 农民工与用人单位就拖欠工资存在争议，用人单位应当提供依法由其保存的劳动合同、职工名册、工资支付台账和清单等材料；不提供的，依法承担不利后果。

第五十一条 工会依法维护农民工工资权益，对用人单位工资支付情况进行监督；发现拖欠农民工工资的，可以要求用人单位改正，拒不改正的，可以请求人力资源社会保障行政部门和其他有关部门依法处理。

第五十二条 单位或者个人编造虚假事实或者采取非法手段讨要农民工工资，或者以拖欠农民工工资为名讨要工程款的，依法予以处理。

第六章　法律责任

第五十三条 违反本条例规定拖欠农民工工资的，依照有关法律规定执行。

第五十四条 有下列情形之一的，由人力资源社会保障行政部门责令限期改正；逾期不改正的，对单位处2万元以上5万元以下的罚款，对法定代表人或者主要负责人、直接负责的主管人员和其他直接责任人员处1万元以上3万元以下的罚款：

（一）以实物、有价证券等形式代替货币支付农民工工资；

（二）未编制工资支付台账并依法保存，或者未向农民工提供工资清单；

（三）扣押或者变相扣押用于支付农民工工资的银行账户所绑定的农民工本人社会保障卡或者银行卡。

第五十五条　有下列情形之一的，由人力资源社会保障行政部门、相关行业工程建设主管部门按照职责责令限期改正；逾期不改正的，责令项目停工，并处5万元以上10万元以下的罚款；情节严重的，给予施工单位限制承接新工程、降低资质等级、吊销资质证书等处罚：

（一）施工总承包单位未按规定开设或者使用农民工工资专用账户；

（二）施工总承包单位未按规定存储工资保证金或者未提供金融机构保函；

（三）施工总承包单位、分包单位未实行劳动用工实名制管理。

第五十六条　有下列情形之一的，由人力资源社会保障行政部门、相关行业工程建设主管部门按照职责责令限期改正；逾期不改正的，处5万元以上10万元以下的罚款：

（一）分包单位未按月考核农民工工作量、编制工资支付表并经农民工本人签字确认；

（二）施工总承包单位未对分包单位劳动用工实施监督管理；

（三）分包单位未配合施工总承包单位对其劳动用工进行监督管理；

（四）施工总承包单位未实行施工现场维权信息公示制度。

第五十七条　有下列情形之一的，由人力资源社会保障行政部门、相关行业工程建设主管部门按照职责责令限期改正；逾期不改正的，责令项目停工，并处5万元以上10万元以下的罚款：

（一）建设单位未依法提供工程款支付担保；

（二）建设单位未按约定及时足额向农民工工资专用账户拨付工程款中的人工费用；

（三）建设单位或者施工总承包单位拒不提供或者无法提供工程施工合同、农民工工资专用账户有关资料。

第五十八条 不依法配合人力资源社会保障行政部门查询相关单位金融账户的，由金融监管部门责令改正；拒不改正的，处2万元以上5万元以下的罚款。

第五十九条 政府投资项目政府投资资金不到位拖欠农民工工资的，由人力资源社会保障行政部门报本级人民政府批准，责令限期足额拨付所拖欠的资金；逾期不拨付的，由上一级人民政府人力资源社会保障行政部门约谈直接责任部门和相关监管部门负责人，必要时进行通报，约谈地方人民政府负责人。情节严重的，对地方人民政府及其有关部门负责人、直接负责的主管人员和其他直接责任人员依法依规给予处分。

第六十条 政府投资项目建设单位未经批准立项建设、擅自扩大建设规模、擅自增加投资概算、未及时拨付工程款等导致拖欠农民工工资的，除依法承担责任外，由人力资源社会保障行政部门、其他有关部门按照职责约谈建设单位负责人，并作为其业绩考核、薪酬分配、评优评先、职务晋升等的重要依据。

第六十一条 对于建设资金不到位、违法违规开工建设的社会投资工程建设项目拖欠农民工工资的，由人力资源社会保障行政部门、其他有关部门按照职责依法对建设单位进行处罚；对建设单位负责人依法依规给予处分。相关部门工作人员未依法履行职责的，由有关机关依法依规给予处分。

第六十二条 县级以上地方人民政府人力资源社会保障、发展改革、财政、公安等部门和相关行业工程建设主管部门工作人员，在履行农民工工资支付监督管理职责过程中滥用职权、玩忽职守、徇私舞弊的，依法依规给予处分；构成犯罪的，依法追究刑事责任。

第七章　附　则

第六十三条 用人单位一时难以支付拖欠的农民工工资或者拖欠农民工工资逃匿的，县级以上地方人民政府可以动用应急周转金，先行垫付用人单位拖欠的农民工部分工资或者基本生活费。对已经垫付的应急周转金，应当依法向拖欠农民工工资的用人单位进行追偿。

第六十四条 本条例自2020年5月1日起施行。

解读——

《保障农民工工资支付条例》*

2019年12月30日，国务院总理李克强签署第724号国务院令，公布《保障农民工工资支付条例》（以下简称《条例》）。《条例》自2020年5月1日起施行。

一、制定背景

我国有近3亿农民工，他们是推动我国社会主义现代化建设的重要力量，为经济社会发展作出了重大而独特的贡献。劳有所得，天经地义。工资是农民工的保命钱、活命钱、养命钱，是提升农民工群体获得感、幸福感、安全感的重要物质基础，必须保证他们的辛劳及时获得足额的报酬。

党中央、国务院历来高度重视解决拖欠农民工工资问题。《国务院办公厅关于全面治理拖欠农民工工资问题的意见》（国办发〔2016〕1号）明确了一系列拖欠农民工工资的治理措施，取得了积极成效；国家出台了规范政府投资行为和建设市场秩序的法律法规，对解决拖欠农民工工资问题发挥了积极作用。不过现实中仍存在一些导致拖欠农民工工资的问题，需要进一步解决：一是建设项目资金不到位。除社会投资项目外，政府投资项目也存在拖欠工程款的现象，与拖欠农民工工资问题相互交织。二是工程建设领域欠薪。建设市场秩序不规范，存在违法分包、层层转包、挂靠承包等违法违规行为，增加了治理拖欠农民工工资的难度。三是施工企业劳动用工不规范。工程建设领域利益

* 根据司法部、人力资源社会保障部相关负责人就《保障农民工工资支付条例》答记者问整理。

链条过长，管理不规范，加剧了处于末端环节的农民工工资拖欠问题。拖欠农民工工资问题原因复杂，根治这一问题必须多管齐下。在深入分析农民工欠薪根源、梳理现有治理农民工欠薪政策落实情况、总结治理欠薪实践经验基础上，制定专门行政法规，以法治手段推动根治欠薪问题，是十分必要的。

二、总体思路

《条例》制定遵循以下总体思路：

一是贯彻落实习近平总书记、李克强总理关于治理拖欠农民工工资问题的重要指示批示，坚持以人民为中心，注重总结实践经验，将成熟有效的政策举措法定化。

二是坚持问题导向，突出重点，兼顾一般。围绕根治拖欠农民工工资目标，聚焦问题突出的工程建设领域，压实用人单位主体责任，强化政府部门监管职责，综合运用多种手段，坚持源头治理、全程监管、防治结合、标本兼治。

三是处理好与民法、建筑法、劳动合同法等法律法规的关系，坚持法治原则，既解决实际问题，又做好法规衔接。

三、压实各方责任、确保按时足额支付农民工工资

为确保按时足额支付农民工工资，《条例》明确了用人单位主体责任、政府属地责任和部门监管责任，主要规定了以下内容：一是明确用人单位支付农民工工资的首要责任。坚持市场主体负责、政府依法监管、社会协同监督原则；用人单位拖欠农民工工资的，应当依法予以清偿。二是压实地方人民政府属地监管责任。县级以上地方人民政府对本行政区域内保障农民工工资支付工作负责，建立保障农民工工资支付工作协调机制，加强监管能力建设，健全保障农民工工资支付工作目标责任制，并纳入对本级人民政府有关部门和下级人民政府进行考核和监督的内容。乡镇人民政府、街道办事处应当加强对拖欠农民工工资矛盾的排查和调处工作，防范和化解矛盾，及时调解纠纷。三是明确部门职责，实现部门协同联动。人力资源社会保障行政部门负责保障农民工工资支付工作的组织协调、管理指导和农民工工资支付情况的监督检查，查处有

关拖欠农民工工资案件。住房城乡建设、交通运输、水利等相关行业工程建设主管部门按照职责履行行业监管责任，督办因违法发包、转包、违法分包、挂靠、拖欠工程款等导致的拖欠农民工工资案件。发展改革、财政、公安以及其他相关部门依法承担相应职责，做好与保障农民工工资支付相关的工作。四是工会、共青团、妇联、残联等组织按照职责依法维护农民工获得工资的权利，发挥新闻媒体普法宣传和舆论监督作用，引导用人单位增强依法用工、按时足额支付工资的法律意识，引导农民工依法维权。

四、坚持源头预防、规范工资支付行为

规范工资支付行为是治理拖欠农民工工资问题的源头。《条例》坚持源头预防，主要规定了以下内容：一是用人单位实行农民工劳动用工实名制管理，与招用的农民工书面约定或者通过依法制定的规章制度规定工资支付标准、支付时间、支付方式等内容。实行月、周、日、小时工资制的，按照月、周、日、小时为周期支付工资；实行计件工资制的，工资支付周期由双方依法约定。二是农民工工资应当以货币形式，通过银行转账或者现金支付给农民工本人，不得以实物或者有价证券等其他形式替代。三是用人单位应当按照与农民工书面约定或者依法制定的规章制度规定的工资支付周期和具体支付日期足额支付工资。四是用人单位应当按照工资支付周期编制书面工资支付台账，并至少保存3年；向农民工支付工资时，应当提供农民工本人的工资清单。

五、明确工资清偿主体、实现全程监管

明确清偿主体是治理拖欠农民工工资问题的关键。由于企业生产组织方式和用工方式日趋复杂，有些情形下发生农民工工资拖欠后清偿主体难以及时确定，严重影响拖欠农民工工资问题的快速解决。为此，《条例》做好与相关法律法规的衔接，对一些特殊情形下拖欠农民工工资的清偿作了规定：一是不具备合法经营资格的单位招用农民工，农民工已经付出劳动而未获得工资的，依照有关法律规定执行，即由该单位或者其出资人清偿。二是用工单位使用个人、不具备合法经营资格的单位或者未依法取得劳务派遣许可证的单位派遣的农民工，拖欠农民工工资的，由用工单位清偿，并可以依法进行追偿。三是用

人单位将工作任务发包给个人或者不具备合法经营资格的单位，导致拖欠所招用农民工工资的，依照有关法律规定执行，即由发包的组织与承包经营者承担连带赔偿责任。用人单位允许个人、不具备合法经营资格或者未取得相应资质的单位以用人单位的名义对外经营，导致拖欠所招用农民工工资的，由用人单位清偿，并可以依法进行追偿。四是合伙企业、个人独资企业、个体经济组织等用人单位拖欠农民工工资的，应当依法予以清偿；不清偿的，由出资人依法清偿。五是用人单位合并或者分立时，应当在实施合并或者分立前依法清偿拖欠的农民工工资；经与农民工书面协商一致的，可以由合并或者分立后承继其权利和义务的用人单位清偿。六是用人单位被依法吊销营业执照或者登记证书、被责令关闭、被撤销或者依法解散的，应当在申请注销登记前依法清偿拖欠的农民工工资；未按规定清偿农民工工资的用人单位主要出资人，应当在注册新用人单位前清偿拖欠的农民工工资。

六、关注工程建设领域

《国务院办公厅关于全面治理拖欠农民工工资问题的意见》（国办发〔2016〕1号）以工程建设领域为重点，明确了一系列治理措施。《条例》在总结各地推行实践的基础上，围绕资金到位、按时拨付、确保发放等方面，全链条多环节进行规范，主要作了以下规定：一是针对建设资金不到位问题，规定建设单位未满足施工所需资金安排的，不得开工建设或者颁发施工许可证；建设单位应当向施工单位提供工程款支付担保；建设项目的人工费用与工程款实行分账管理，建设单位按照约定将人工费用及时足额拨付至施工总承包单位的农民工工资专用账户。二是针对工程建设领域欠薪问题，规定建设单位有权督促施工总承包单位加强劳动用工管理，施工总承包单位对分包单位工资发放等进行监督，分包单位直接负责对所招用农民工的管理；将建设工程发包或者分包给个人或者不具备合法经营资格的单位，导致拖欠农民工工资的，由建设单位或者施工总承包单位清偿；施工总承包单位应当在施工现场设立维权信息告示牌。三是针对施工企业劳动用工不规范问题，规定施工总承包单位或者分包单位对所招用的农民工进行实名登记管理；农民工工资推行由分包单位委托施工总承包单位代发；施工总承包单位应当按照规定开设农民工工资专用账户，并按照规定存储工资保证金或者以金融机构保函替代，专项用于支付农民工被拖欠的工资。

七、加强保障农民工工资支付工作的监督管理

细化部门监管职责，是根治拖欠农民工工资问题的内在需要。为此，《条例》在监督检查方面作出了一系列规定：一是人力资源社会保障行政部门、相关行业工程建设主管部门和其他有关部门按照职责，对劳动合同签订、工资支付、用工实名制、工资专用账户、施工总承包单位代发工资、工资保证金存储、维权信息公示等情况加强监督检查。二是人力资源社会保障行政部门在查处拖欠农民工工资案件时，经批准可以依法查询相关单位金融账户和相关当事人拥有房产、车辆等情况。三是发生用人单位拒不配合调查、清偿责任主体无法联系等情形的，人力资源社会保障行政部门可以请求公安机关和其他有关部门协助处理；对拖欠农民工工资涉嫌构成拒不支付劳动报酬罪的，及时移送公安机关审查并作出决定。四是对用人单位开展守法诚信等级评价；建立拖欠农民工工资"黑名单"，将用人单位及其法定代表人或者主要负责人、直接负责的主管人员和其他直接责任人员列入失信联合惩戒对象名单，依法依规予以限制。

八、法律责任

为了确保农民工工资支付保障制度落地实施，加大对违法行为的惩戒力度，营造"不愿欠薪""不能欠薪""不敢欠薪"的社会氛围，《条例》在法律责任方面主要作了以下规定：一是明确拖欠农民工工资行为的法律责任，促使用人单位履行主体责任。违反规定拖欠农民工工资的，依照有关法律规定执行，也就是由人力资源社会保障行政部门责令限期支付；逾期不支付的，向劳动者加付应付金额百分之五十以上百分之一百以下的赔偿金；涉嫌构成拒不支付劳动报酬罪的，及时移送司法机关追究刑事责任。对以实物或者有价证券等代替货币支付工资、未编制并保存工资支付台账、未向农民工提供工资清单、扣押或者变相扣押用于支付工资的社会保障卡或者银行卡等违法行为，由人力资源社会保障行政部门责令限期改正；逾期不改正的，在对单位给予罚款的同

时，对法定代表人或者主要负责人、直接负责的主管人员和其他直接责任人员给予罚款。二是突出工程建设领域违法行为的法律责任。对施工总承包单位未按规定开设或者使用农民工工资专用账户、未按规定存储工资保证金或者未提供金融机构保函，施工总承包单位、分包单位未实行劳动用工实名制管理，建设单位未依法提供工程款支付担保、未按约定及时足额拨付人工费用，建设单位或者施工总承包单位拒不提供或者无法提供工程施工合同、农民工工资专用账户有关资料等违法行为，规定了责令限期改正、处5万元以上10万元以下罚款，对其中的一些违法行为，还规定了责令项目停工、降低资质等级或者吊销资质证书等处罚。三是明确政府部门监管不到位的责任，促使政府投资行为更加规范。政府投资项目政府投资资金不到位拖欠农民工工资的，由人力资源社会保障行政部门报本级政府批准后，责令限期足额拨付所拖欠的资金；逾期不拨付的，对有关部门负责人进行约谈，必要时进行通报，约谈地方政府负责人；情节严重的，对政府及其有关部门负责人、直接负责的主管人员和其他直接责任人员依法依规给予处分。对人力资源社会保障、发展改革、财政、公安等部门和相关行业工程建设主管部门工作人员，在履行农民工工资支付监督管理职责过程中滥用职权、玩忽职守、徇私舞弊的，依法依规给予处分；构成犯罪的，依法追究其刑事责任。

司法解释、司法指导性文件与解读

最高人民法院　司法部　中华全国律师协会
关于深入推进律师参与人民法院执行工作的意见

2019 年 12 月 25 日　　　　法发〔2019〕34 号

各省、自治区、直辖市高级人民法院、司法厅（局）、律师协会，解放军军事法院，新疆维吾尔自治区高级人民法院生产建设兵团分院，新疆生产建设兵团司法局、律师协会：

为认真贯彻落实中央全面依法治国委员会《关于加强综合治理从源头切实解决执行难问题的意见》（中法委发〔2019〕1 号）有关要求，形成解决执行难工作合力，最高人民法院、司法部、中华全国律师协会研究制定了《关于深入推进律师参与人民法院执行工作的意见》。现印发你们，请认真执行。

最高人民法院　司法部　中华全国律师协会
关于深入推进律师参与人民法院执行工作的意见

为深入贯彻落实党的十八届四中全会提出的“切实解决执行难”“依法保障胜诉当事人及时实现权益”重大决策部署，根据中央全面依法治国委员会《关于加强综合治理从源头切实解决执行难问题的意见》（中法委发〔2019〕1 号）关于“各地区各部门积极引入专业力量参与执行，建立健全仲裁、公证、律师、会计、审计等专业机构和人员深度参与执行的工作机制，形成解决执行难的社会合力”要求，依照相关法律规定，就深入推进律师参与人民法院执行工作，制定本意见。

一、深刻认识律师参与执行工作的重要意义

1. 人民法院执行工作是依靠国家强制力确保法律全面准确实施的重要手段，是维护人民群众合法权益、实现社会公平正义的关键环节。党的十八大以来，以习近平同志为核心的党中央高度重视人民法院执行工作，将解决执行难确定为全面依法治国的重要内容，作出重大决策部署，要求各地区各有关部门充分认识执行工作重要意义，强化责任落实，形成工作合力，积极构建综合治理、源头治理执行难工作大格局。

律师作为社会主义法治工作者和法律职业共同体的重要组成部分，是人民法院审判执行活动的重要参与者，在推进全面依法治国、建设社会主义法治国家进程中发挥着重要作用。深入推进律师参与执行工作，有助于落实以人民为中心的发展思想，践行司法为民宗旨，依法保障当事人合法权益；有助于建立健全解决执行难长效机制，提升执行工作能力，保持执行工作高水平运行；有助于凝聚各方面力量，提升全社会的法治意识、诚信意识和风险意识，推进全面依法治国和社会诚信体系建设。

二、充分发挥律师在执行工作中的重要作用

2. 充分发挥律师对人民法院执行工作的促进作用。近年来，随着执行案件数量持续增加，执行专业化水平不断提升，亟需律师等专业力量深度参与执行，通过发挥职能作用和承担部分辅助性工作，促进生效法律文书及时有效执行。特别是，不少当事人在专业知识和查人找物等方面存在较大需求，需要律师发挥其在法律规范适用、财产线索查找、执行风险评估、合法权益救济等方面的积极作用，通过提供优质高效的法律服务，满足人民群众日益增长的司法需求。

各级人民法院要进一步提高对律师参与执行重要性的认识，结合工作实际，积极探索和创新保障律师执业权利、改善律师执业环境、推动律师参与

执行的各项工作机制，为律师依法履行职责、发挥优势作用提供支撑和便利。

3. 充分发挥律师在推进矛盾纠纷化解中的作用。执行工作对抗性强、风险性高，极易引发矛盾和冲突。要充分发挥代理律师桥梁纽带作用，促进当事人之间、当事人和人民法院之间沟通协调。代理律师要引导、协助当事人正确认识生效法律文书裁判结果，使其充分知悉拒不履行法律义务的风险和后果。当事人不认可裁判结果的，应当引导其依法通过相应程序解决。存在和解可能的，可以提出和解建议，协助委托人与对方当事人达成执行和解。协助当事人起草和解协议时，应当秉持勤勉、专业的要求，确保要素齐全、行文规范、切实可行。当事人不履行和解协议的，代理律师可以协助委托人依法向人民法院申请恢复执行或就履行执行和解协议向人民法院提起诉讼。

各级人民法院要建立健全执行案件多元化纠纷解决机制，鼓励通过律师调解等方式化解执行争议，探索推动设立“律师志愿服务岗”“律师调解工作室”等，做好执调对接工作，为律师以中立第三方身份参与矛盾化解创造条件和便利。

4. 充分发挥律师在财产保全中的作用。代理律师应当向当事人充分释明诉讼风险，明确财产保全对其实现权益的重要性，引导当事人及时向人民法院申请财产保全。已经采取保全措施的，提示当事人可以在保全期限届满七日前向人民法院提出续行保全申请；符合解除保全情形的，提示当事人可以及时申请解除保全。

各级人民法院应当加大诉讼保全适用力度，简化保全工作流程，推广保全保险担保机制，为当事人申请保全提供便利。要公开申请保全的条件、方式和流程，对符合条件的财产保全申请，应当及时受理和采取保全措施，并告知申请保全人或代理律师保全裁定的内容、保全期限届满日及有关申请续行保全的事项，充分保障当事人及其代理律师的知情权、异议权、复议权。

5. 充分发挥律师在执行调查中的作用。申请执行人的代理律师可以协助申请执行人向人民法院提供所了解的被执行人的财产状况或线索，申请人民法院进行调查，必要时，可以向人民法院申请发布悬赏公告或委托审计机构进行审计。被执行人的代理律师应当告知被执行人有向人民法院如实报告财产的义务，并向其说明拒不报告、虚假报告或逾期报告财产的法律后果。

人民法院应当通过执行网络查控系统和其他必要方式开展执行调查。要依法保障律师调查取证的权利，进一步拓宽执行调查方式和渠道，研究建立委托律师调查相关工作机制。

6. 充分发挥律师在财产控制和变价中的作用。人民法院应当及时查封、扣押、冻结被执行人应当履行义务部分的财产，完成财产控制后，应当及时书面告知申请执行人或代理律师财产控制情况。查封、扣押、冻结期限届满前，代理律师可以协助申请执行人向人民法院申请延长期限，防止期限届满后财产被转移等后果出现。

人民法院应当及时对控制的财产进行变价，严禁违规评估、拍卖财产及违规以物抵债。在人民法院确定财产处置参考价过程中，代理律师应当协助当事人配合人民法院依法查明拟变价财产的权属、权利负担、占有使用、欠缴税费、质量瑕疵等事项。人民法院应当依法保障代理律师在财产变价过程中的执业权利，确保财产变价过程的公开、公平、公正。

执行款到账后，人民法院应当在规定的期限内通知申请执行人或有特别授权的代理律师办理领取手续，严禁隐瞒、截留、挪用执行款物及拖延发放执行案款。

7. 充分发挥律师在防范和打击规避执行行为中的作用。被执行人的代理律师应当向当事人释明不履行法律义务的后果，引导、协助其尊重生效法律文书，依法履行义务。被执行人存在失信等违法情形的，申请执行人的代理律师可以协助申请执行人依法申请人民法院采取限制消费、纳入失信被执行人名单等措施。被执行人有能力执行而拒不执行判决、裁定，情节严重、涉嫌犯罪的，申请执行人的代理律师可以依法调查取证，协助申请执行人依法向公安机关提出控告或向人民法院提起自诉。

人民法院应当加大对规避执行行为的防范和打击力度，对符合法定情形的被执行人，依法及时纳入失信被执行人名单。对恶意逃避执行及转移、隐匿财产的被执行人，依法及时适用拘留、罚款等强制措施；对涉嫌拒不执行判决、裁定，非法处置查封、扣押、冻结财产，以及妨害公务犯罪的行为人，应当将案件依法移送公安机关立案侦查。代理律师引导帮助申请执行人提起刑事自诉的，人民法院执行部门应当支持配合，刑事审判部门应当及时受理和裁判。

8. 充分发挥律师在参与分配和执行转破产程序中的作用。被执行人为公民或其他组织，其财产不足以清偿全部债务，其他已经取得执行依据的债权人的代理律师可以协助该债权人向人民法院申请参与分配。对符合条件的申请，人民法院应当及时受理。被执行人为企业法人，资产不足以清偿全部债务或明显缺乏清偿能力的，人民法院应当及时询问申请执行人、被执行人是否同意将执行案件移送破产审查。申请执行人或被执行人同意的，代理律师应当积极协助当事人向人民法院执行部门提供相关材料。进入破产程序后，债务人具备重整条件的，代理律师应当积极协助当事人向人民法院申请重整。被人民法院指定为破产管理人的律师事务所和律师，应当切实履行职责，制定可行重整计划，协助人民法院做好重整工作。

人民法院应当规范执行案件移送破产的审查工作，保障执行程序与破产程序有序衔接。积极推进简易破产程序设计，快速审理“无财产可破”案件。

9. 充分发挥律师在终结本次执行程序中的作用。人民法院拟对案件终结本次执行程序的，应当将案件的执行情况、采取的财产调查措施、被执行人的财产情况、终结本次执行程序的依据及法律后果等信息告知申请执行人或代理律师。代理律师应当在受委托的权限内向人民法院反映当事人关于终结本次执行程序的意见，同时向当事人全面客观释明人民法院终结本次执行程序的法律依据和后果。

人民法院应当将申请执行人及代理律师的意见记录入卷，严禁违规适用终结本次执行程序，不得变相强迫申请执行人或代理律师同意终结本次执行程序。终结本次执行程序后，人民法院应当对案件进行定期查询。发现被执行人有可供执行财产，不立即采取执行措施可能导致财产被转移、隐匿、出卖或毁损的，人民法院可以依申请，也可以依职权立即采取查封、扣押、冻结等控制性措施。

10. 充分发挥律师在执行救济中的作用。在办理执行案件过程中，人民法院应当严格依法规范执行，严禁“冷硬横推”及消极执行、拖延执行、选择性执行。人民法院自收到申请执行书之日起超过六个月未执行的，代理律师可以引导当事人向上一级人民法院申请执行。上一级人民法院应当及时受理并审查，可以责令原人民法院在一定期限内执行，也可以决定由本院执行或指令其他人民法院执行。当事人、利害关系人认为人民法院的执行行为违反法律规定的，代理律师可以引导当事人依法提出执行异议、复议，或依法向人民检察院申请检察监督。

人民法院应当深入推进律师参与化解和代理申诉制度，严格落实中央政法委《关于建立律师参与化解和代理涉法涉诉信访案件制度的意见（试行）》和最高人民法院、最高人民检察院、司法部《关于逐步实行律师代理申诉制度的意见》有关规定，深入推进律师代理执行申诉制度，保障当事人依法行使申诉权利，积极化解执行信访案件。

11. 充分发挥律师在执行法治宣传中的作用。人民法院、司法行政机关和律师协会要充分发挥自身职能作用，积极向社会开展执行法治宣传教育。要广泛宣传拒不履行生效法律文书的后果，增强当事人履行生效法律文书的主动性和自觉性，推动形成"守法守信光荣、违法失信可耻"的良好氛围，提高全社会的法治意识和诚信意识。要讲清"执行难"与"执行不能"的区别，帮助当事人充分认识诉讼风险以及被执行人丧失履行能力的风险，引导人民群众树立法治意识和风险防范意识，推动从源头上解决执行难问题。

三、切实加强律师参与执行工作的保障

12. 保障当事人依法委托律师代理执行案件的权利。人民法院应当在执行案件受理通知书中告知当事人有权委托律师代理执行案件，并列明律师的职能作用。对于符合法律援助条件而没有委托律师的，人民法院应当及时告知当事人有权申请法律援助。因追索赡养费、扶养费、抚育费、抚恤金、劳动报酬等涉民生案件向人民法院申请执行，符合法律援助条件的，人民法院可以按照相关规定向法律援助机构转交申请材料，法律援助机构应当加大法律援助力度。

13. 构建执行人员与律师的良性互动关系。人民法院要全面落实司法公开要求，畅通正常交流及意见建议表达渠道，为律师发挥作用营造风清气正、公平公正、公开透明的司法环境。要严格规范执行人员行为，杜绝执行人员与律师之间不正当交往甚至违法交易等问题。在办理执行案件过程中，严禁执行人

员违规会见当事人、代理人、请托人或与其同吃、同住、同行；严禁“吃拿卡要”或让当事人、律师承担不应由其承担的费用；严禁充当诉讼掮客、违规过问案件及泄露工作秘密。积极构建执行人员与律师彼此尊重、平等相待、相互支持、相互监督、正当交往的新型良性互动关系。

14. 构建便捷高效的诉讼服务体系。人民法院要通过APP、即时通讯、微信小程序等技术手段，打造“微法院”“智慧法院”，为当事人和代理律师提供智能化诉讼服务。要深化执行信息化建设与运用，打造集约化执行公开平台，做好平台与法院执行案件管理等系统的对接，为当事人和律师提供“一站式”执行信息公开服务。要增强执行公开网的交流互动性，为当事人和律师提供更加便捷的联系法官渠道，调动律师参与执行、支持执行、监督执行的积极性。

15. 加强对律师执业的监督管理。在参与执行工作中，律师应当恪守“忠诚、为民、法治、正义、诚信、敬业”的职业道德，自觉践行遵守宪法法律、忠于事实真相、严守执业纪律、坚持谨言慎行的基本要求。司法行政机关、律师协会应当加强对律师在执行工作中执业的监督管理，对违反执业规范和职业道德的，应当依法依规作出处理。

16. 建立健全沟通协调机制。人民法院、司法行政机关、律师协会要加强沟通交流，建立健全常态化协调配合工作机制，定期或不定期听取律师对人民法院执行工作的意见建议，研究解决律师参与执行工作中遇到的问题，及时协调处理侵犯律师执业权利和律师违法违规等相关事项，不断推动形成部门联动、齐抓共管、分工协作的工作格局，为深入推进律师参与执行工作提供更加有力的保障。

解读——

《最高人民法院、司法部、中华全国律师协会关于深入推进律师参与人民法院执行工作的意见》*

一、制定背景

在解决执行难工作中，人民法院在党中央坚强领导下，充分发挥我国社会主义制度能够集中力量办大事的制度优势，努力争取社会各界的支持配合，积极构建综合治理、源头治理执行难工作大格局。中央全面依法治国委员会在2019年发布的1号文件《关于加强综合治理从源头切实解决执行难问题的意见》中明确提出，“各地区各部门积极引入专业力量参与执行，建立健全仲裁、公证、律师、会计、审计等专业机构和人员深度参与执行的工作机制，形成解决执行难的社会合力”。最高人民法院发布的《人民法院执行工作纲要（2019－2023）》中也将“鼓励支持律师参与执行”作为健全开放、动态、透明、便民的阳光执行制度体系的重要任务之一，要求“多措并举提升律师参与执行的比例，建设信息化平台，为律师参与执行提供便利，充分发挥律师在执行中的作用”。为深入贯彻落实党中央要求，在广泛征求意见和充分论证的基础上，最高人民法院、司法部、中华全国律师协会共同研究制定了《最高人民法院、司法部、中华全国律师协会关于深入推进律师参与人民法院执行工作的意见》（以下简称《律师参与执行意见》）。

《律师参与执行意见》的出台，有助于明确律师在促进人民法院执行工作中的地位和作用，为推进律师全面、深入参与执行工作提供充分依据；有助于充分发挥律师职能优势，构建律师与当事人、律师与执行人员的良性互动关系，建立健全解决执行难长效机制；有助于凝聚各方面力量，提升全社会的法治意识、诚信意识和风险意识，推进全面依法治国和社会诚信体系建设。

---

* 根据2020年1月2日最高人民法院有关负责人在《最高人民法院、司法部、中华全国律师协会关于深入推进律师参与人民法院执行工作的意见》《最高人民法院关于在执行工作中进一步强化善意文明执行理念的意见》新闻发布会上的介绍和答记者问整理。

二、主要内容

《律师参与执行意见》共3大部分，16条。主要包括以下几个方面内容：

一是深刻认识律师参与执行工作的意义和职能。律师作为社会主义法治工作者和法律职业共同体的重要组成部分，是人民法院审判执行活动的重要参与者，在推进全面依法治国、建设社会主义法治国家进程中发挥着重要作用。近年来，随着执行案件数量持续增加，执行专业化水平不断提升，不少当事人在专业知识和查人找物等方面存在较大需求，亟需律师等专业力量深度参与执行，发挥其在法律规范适用、财产线索查找、执行风险评估、合法权益救济等方面的积极作用，通过提供优质高效的法律服务，满足人民群众日益增长的司法需求。

二是充分发挥律师在执行工作中的重要作用。《律师参与执行意见》从十个方面详述了如何充分发挥律师在执行工作中的重要作用。其中每一方面都是从律师作用发挥和法院职能保障两个角度来阐述。下面就相关内容进行简单介绍：第一，充分发挥律师在推进矛盾纠纷化解中的作用。人民法院要建立健全执行案件多元化纠纷解决机制，探索推动设立"律师志愿服务岗""律师调解工作室"等。第二，充分发挥律师在财产保全、执行调查、财产控制和变价中的作用。人民法院应当加大保全适用力度，公开申请保全的条件、方式和流程；拓宽执行调查方式和渠道，研究建立委托律师调查等相关工作机制；依法保障律师在财产变价过程中的执业权利，确保财产变价过程的公开、公平、公正。第三，充分发挥律师在防范和打击规避执行行为中的作用。人民法院应当依法采取限制消费、纳入失信被执行人名单等措施，并加大对规避执行行为的防范和打击力度。第四，充分发挥律师在参与分配和执行转破产程序中的作用。人民法院应当依法受理参与分配申请，依法将执行案件移送破产审查。第五，充分发挥律师在终结本次执行程序和执行救济中的作用。人民法院应当依法适用终结本次执行程序，深入推进律师参与化解和代理申诉制度。第六，充分发挥律师在执行法治宣传中的作用。人民法院、司法行政机关和律师协会应当共同引导人民群众树立法治意识和风险防范意识，推动从源头上解决执行难问题。

三是切实加强对律师参与执行工作的保障。人民法院要保障当事人依法委托律师代理执行案件的权利；要全面落实司法公开要求，畅通正常交流及意见表达渠道，为律师发挥作用营造风清气正、公平公正、公开透明的司法环境，积极构建执行人员与律师彼此尊重、平等相待、相互支持、相互监督、正当交往的新型良性互动关系；要打造“微法院”“智慧法院”，构建便捷高效的诉讼服务体系，为当事人和代理律师提供“一站式”执行信息公开服务和更加便捷的联系法官渠道；要加强对律师在执行工作中执业的监督管理；要健全人民法院、司法行政机关、律师协会沟通协调机制，研究解决律师参与执行工作中遇到的问题，及时协调处理侵犯律师执业权利和律师违法违规等相关事项。

在贯彻执行《律师参与执行意见》时应当注意的问题：一是要进一步提高对律师参与执行工作重要性的认识，结合自身工作实际，积极探索和创新保障律师执业权利、改善律师执业环境、推动律师参与执行的各项工作机制，为律师依法履行职责、发挥优势作用提供支撑和便利。二是要积极探索律师参与执行工作的多种方式和渠道，充分发挥律师在矛盾纠纷化解、财产查控、权利救济、法治宣传等方面的职能和优势，调动律师参与执行、支持执行、监督执行的积极性，形成化解执行难的社会合力。三是要严格依照法律、司法解释和规范性文件开展执行工作，在进一步尊重和保障律师执业权利的同时，严格落实规范执行行为“十个严禁”，防范执行廉政风险。四是要加强人民法院与司法行政机关、律师协会的沟通交流，定期或不定期听取律师对人民法院执行工作的意见建议，不断推动形成部门联动、齐抓共管、分工协作的工作格局。

三、热点问题

（一）《律师参与执行意见》中提到要发挥律师在执行调查中的作用，具体是哪些作用？《律师参与执行意见》在发挥律师作用方面是如何考虑的？

对于绝大多数执行案件来说，找到财产或者被执行人，往往是执行的基础和前提。如果找不到财产和被执行人，执行案件往往无法正常进行。因此要深入推进律师参与执行，就必须把如何发挥律师在执行调查中的作用作为一项重要内容。根据现行法律和司法解释的规定，财产调查的途径主要有三种：一是申请执行人提供、二是被执行人报告、三是法院调查。《律师参与执行意见》

第5条主要结合这三种财产发现途径，从三个层面对如何发挥律师在执行调查中的作用作了规定。首先第一个层面，申请执行人提供，申请执行人往往对被执行人的财产状况比较了解。所以《律师参与执行意见》要求申请执行人一方代理律师积极协助申请执行人向法院提供他所了解的被执行人的财产状况或者财产线索。这一规定的目的就是为了更加充分地调动申请执行人在财产查找方面的积极性、主动性，更好地发挥申请执行人在财产查找方面的作用。第二个层面被执行人报告，目前实践中比较突出的是被执行人不报告或不如实报告，导致被执行人报告制度不能有效发挥作用。所以《律师参与执行意见》明确要求被执行人一方代理律师要明确告知被执行人，有向法院如实报告财产的法定义务。如果拒绝报告、虚假报告可能面临罚款、拘留这样的制裁后果。这一规定的目的是促使被执行人更好地履行如实报告财产的法定义务，更好地发挥被执行人报告财产制度在财产调查方面的作用。第三个层面法院调查，《律师参与执行意见》对这一问题的规定，主要是更好地使律师能够充分利用自己的专业知识和专业经验，根据法律规定的条件、根据案件具体情况对什么时候申请执行人可以向法院申请调查财产，什么时候有效利用相应的调查方式，比如利用发布悬赏公告、利用向法院申请审计调查等方式更有效的查明执行财产。

可以看到，在执行财产调查方面，《律师参与执行意见》的基本考虑都是为了更加充分地发挥律师的作用，进一步拓宽财产调查的途径和渠道，形成多渠道、多途径查找财产的机制，更有效地推进案件执行，更充分实现债权，更好地维护当事人合法权益。

（二）《律师参与执行意见》要求鼓励律师深入参与人民法院执行工作，请问人民法院如何把控律师在参与执行过程中可能出现的廉政风险呢？

《律师参与执行意见》要求推进律师更全面、更深入地参与执行，这难免就会让人担心，律师参与执行工作多了，会不会导致执行工作中出现更多的廉政风险。从过去实践情况看，执行中出现的很多廉政问题不但不是因为律师参与执行过多，反而更多的是因为律师参与执行的渠道不通畅、参与执行的方式不规范引起的。针对这一问题的解决，《律师参与执行意见》的基本考虑就是“堵后门、开前门”。“堵后门”包括两个方面，一是严格规范执行人员的执行行为，杜绝执行人员与律师不正常交往甚至违法交易这样一些问题。二是加强对律师在执行工作执业的监督管理力度。对违反执业规范、职业道德的行为，严肃依法依规进行处理，从而构建执行人员和律师之间一种新型的良性互动关系，堵上不正常交往的“后门”。

与此同时，要打开执行人员和律师正常交往的“前门”，所谓打开“前门”有很多措施。比如说，要全力打造智慧法院、微法院，要全力打造集约化的执行公开平台，要进一步增强执行公开网的交流互动性。其他的措施，比如我们要进一步完善律师在执行救济中如何更好地发挥作用，要进一步完善和推进律师代理申诉等制度。这些措施的目的，都是通过智能化的诉讼服务体系，畅通正常交流及意见、建议表达渠道，打开当事人及代理律师联系法院、反馈意见和建议，了解执行进展的“前门”。可以说，深入推进《律师参与执行意见》就是在今后工作中，注重如何更好地保障律师参与执行的权利，畅通律师参与执行的渠道，规范律师参与执行的方式。可以想象，随着这些制度和机制的进一步完善，将来不但不会因为律师参与执行给执行工作带来更多廉政风险，反而会更有利于构建一个风清气正、公正公平、公开透明的司法环境。

最高人民法院
关于在执行工作中进一步强化善意文明执行理念的意见

2019年12月16日　　法发〔2019〕35号

为贯彻落实《中共中央、国务院关于完善产权保护制度依法保护产权的意见》《中共中央、国务院关于营造更好发展环境支持民营企业改革发展的意见》等文件精神，进一步提升人民法院严格规范公正文明执行水平，推动执行工作持续健康高水平运行，为经济社会发展提供更加优质司法服务和保障，根据民事诉讼法及有关司法解释，结合人民法院执行工作实际，提出以下意见。

一、充分认识善意文明执行的重要意义和精神实质

1. 充分认识善意文明执行重要意义。执行是公平正义最后一道防线的最后一个环节。强化善意文明执行理念，在依法保障胜诉当事人合法权益同时，最大限度减少对被执行人权益影响，实现法律效果与社会效果有机统一，是维护社会公平正义、促进社会和谐稳定的必然要求，是完善产权保护制度、建立健全市场化法治化国际化营商环境和推动高质量发展的应有之义，对全面推进依法治国、推进国家治理体系和治理能力现代化具有重要意义。

2. 准确把握善意文明执行精神实质。执行工作是依靠国家强制力实现胜诉裁判的重要手段。当前，被执行人规避执行、逃避执行仍是执行工作中的主要矛盾和突出问题。突出执行工作的强制性，持续加大执行力度，及时保障胜诉当事人实现合法权益，依然是执行工作的工作重心和主线。但同时要注意到，执行工作对各方当事人影响重大，人民法院在执行过程中也要强化善意文明执行理念，严格规范公正保障各方当事人合法权益；要坚持比例原则，找准双方利益平衡点，避免过度执行；要提高政治站位，着眼于党和国家发展战略全局，提升把握司法政策的能力和水平，实现依法履职与服务大局、促进发展相统一。要采取有效措施坚决纠正实践中出现的超标的查封、乱查封现象，畅通人民群众反映问题渠道，对有关线索实行“一案双查”，对不规范行为依法严肃处理。

人民法院在强化善意文明执行理念过程中，要充分保障债权人合法权益，维护执行权威和司法公信力，把强制力聚焦到对规避执行、逃避执行、抗拒执行行为的依法打击和惩处上来。要坚决防止执行人员以“善意文明执行”为借口消极执行、拖延执行，或者以降低对被执行人影响为借口无原则促成双方当事人和解，损害债权人合法权益。

二、严禁超标的查封和乱查封

3. 合理选择执行财产。被执行人有多项财产可供执行的，人民法院应选

择对被执行人生产生活影响较小且方便执行的财产执行。在不影响执行效率和效果的前提下，被执行人请求人民法院先执行某项财产的，应当准许；未准许的，应当有合理正当理由。

执行过程中，人民法院应当为被执行人及其扶养家属保留必需的生活费用。要严格按照中央有关产权保护的精神，严格区分企业法人财产与股东个人财产，严禁违法查封案外人财产，严禁对不得查封的财产采取执行措施，切实保护民营企业等企业法人、企业家和各类市场主体合法权益。要注意到，信托财产在信托存续期间独立于委托人、受托人各自的固有财产，并且受益人对信托财产享有的权利表现为信托受益权，信托财产并非受益人的责任财产。因此，当事人因其与委托人、受托人或者受益人之间的纠纷申请对存管银行或信托公司专门账户中的信托资金采取保全或执行措施的，除符合《中华人民共和国信托法》第十七条规定的情形外，人民法院不应准许。

4. 严禁超标的查封。强制执行被执行人的财产，以其价值足以清偿生效法律文书确定的债权额为限，坚决杜绝明显超标的查封。冻结被执行人银行账户内存款的，应当明确具体冻结数额，不得影响冻结之外资金的流转和账户的使用。需要查封的不动产整体价值明显超出债权额的，应当对该不动产相应价值部分采取查封措施；相关部门以不动产登记在同一权利证书下为由提出不能办理分割查封的，人民法院在对不动产进行整体查封后，经被执行人申请，应当及时协调相关部门办理分割登记并解除对超标的部分的查封。相关部门无正当理由拒不协助办理分割登记和查封的，依照民事诉讼法第一百一十四条采取相应的处罚措施。

5. 灵活采取查封措施。对能“活封”的财产，尽量不进行“死封”，使查封财产能够物尽其用，避免社会资源浪费。查封被执行企业厂房、机器设备等生产资料的，被执行人继续使用对该财产价值无重大影响的，可以允许其使用。对资金周转困难、暂时无力偿还债务的房地产开发企业，人民法院应按照下列情形分别处理：

（1）查封在建工程后，原则上应当允许被执行人继续建设。

（2）查封在建工程后，对其采取强制变价措施虽能实现执行债权人债权，但会明显贬损财产价值、对被执行人显失公平的，应积极促成双方当事人达成暂缓执行的和解协议，待工程完工后再行变价；无法达成和解协议，但被执行人提供相应担保并承诺在合理期限内完成建设的，可以暂缓采取强制变价措施。

（3）查封在建商品房或现房后，在确保能够控制相应价款的前提下，可以监督被执行人在一定期限内按照合理价格自行销售房屋。人民法院在确定期限时，应当明确具体的时间节点，避免期限过长影响执行效率、损害执行债权人合法权益。

6. 充分发挥查封财产融资功能。人民法院查封财产后，被保全人或被执行人申请用查封财产融资的，按照下列情形分别处理：

（1）保全查封财产后，被保全人申请用查封财产融资替换查封财产的，在确保能够控制相应融资款的前提下，可以监督被保全人按照合理价格进行融资。

（2）执行过程中，被执行人申请用查封财产融资清偿债务，经执行债权人同意或者融资款足以清偿所有执行债务的，可以准许。

被保全人或被执行人利用查封财产融资，出借人要求先办理财产抵押或质押登记再放款的，人民法院应积极协调有关部门做好财产解封、抵押或质押登记等事宜，并严格控制融资款。

7. 严格规范上市公司股票冻结。为维护资本市场稳定，依法保障债权人合法权益和债务人投资权益，人民法院在冻结债务人在上市公司的股票时，应当依照下列规定严格执行：

（1）严禁超标的冻结。冻结上市公司股票，应当以其价值足以清偿生效法律文书确定的债权额为限。股票价值应当以冻结前一交易日收盘价为基准，结合股票市场行情，一般在不超过20%的幅度内合理确定。股票冻结后，其价值发生重大变化的，经当事人申请，人民法院可以追加冻结或者解除部分冻结。

（2）可售性冻结。保全冻结上市公司股票后，被保全人申请将冻结措施变更为可售性冻结的，应当准许，但应当提前将被保全人在证券公司的资金账户在明确具体的数额范围内予以冻结。在执行过程中，被执行人申请通过二级市场交易方式自行变卖股票清偿债务的，人民法院可以按照前述规定办理，但应当要求其在10个交易日内变卖完毕。特殊情形下，可以适当延长。

（3）已质押股票的冻结。上市公司股票存在质押且质权人非本案保全申请人或申请执行人，目前，人民法院在采取冻结措施时，由于需要计入股票上存在的质押债权且该债权额往往难以准确计算，尤其是当股票存在多笔质押时还需指定对哪一笔质押股票进行冻结，为保障普通债权人合法权益，人民法院一般会对质押股票进行全部冻结，这既存在超标的冻结的风险，也会对质押债权人自行实现债权造成影响，不符合执行经济原则。

最高人民法院经与中国证券监督管理委员会沟通协调，由中国证券登记结算有限公司（以下简称中国结算公司）对现有冻结系统进行改造，确立了质押股票新型冻结方式，并在系统改造完成后正式实施。具体内容如下：

第一，债务人持有的上市公司股票存在质押且质权人非本案保全申请人或申请执行人，人民法院对质押股票冻结时，应当依照7（1）规定的计算方法冻结相应数量的股票，无需将质押债权额计算在内。冻结质押股票时，人民法院应当提前冻结债务人在证券公司的资金账户，并明确具体的冻结数额，不得对资金账户进行整体冻结。

第二，股票冻结后，不影响质权人变价股票实现其债权。质权人解除任何一部分股票质押的，冻结效力在冻结股票数量范围内对解除质押部分的股票自动生效。质权人变价股票实现其债权后变价款有剩余的，冻结效力在本案债权额范围内对剩余变价款自动生效。

第三，在执行程序中，为实现本案债权，人民法院可以在质押债权和本案债权额范围内对相应数量的股票采取强制变价措施，并在优先实现质押债权后清偿本案债务。

第四，两个以上国家机关冻结同一质押股票的，按照在证券公司或中国结算公司办理股票冻结手续的先后确定冻结顺位，依次满足各国家机关的冻结需求。两个以上国家机关在同一交易日分别在证券公司、中国结算公司冻结同一质押股票的，在先在证券公司办理股票冻结手续的为在先冻结。

第五，人民法院与其他国家机关就冻结质押股票产生争议的，由最高人民法院主动与最高人民检察院、公安部等部门依法协调解决。争议协调解决期间，证券公司或中国结算公司控制产生争议的相关股票，不协助任何一方执行。争议协调解决完成，证券公司或中国结算公司按照争议机关协商的最终结论处理。

第六，系统改造完成前已经完成的冻结不适用前述规定。案件保全申请人或申请执行人为质权人的，冻结措施不适用前述规定。

三、依法适当采取财产变价措施

8. 合理确定财产处置参考价。执行过程中，人民法院应当按照《最高人民法院关于人民法院确定财产处置参考价若干问题的规定》合理确定财产处置参考价。要在不损害第三人合法权益的情况下，积极促成双方当事人就参考价达成一致意见，以进一步提高确定参考价效率，避免后续产生争议。财产有计税基准价、政府定价或政府指导价，当事人议价不能、不成或者双方当事人一致要求定向询价的，人民法院应当积极协调有关机构办理询价事宜。定向询价结果严重偏离市场价格的，可以进行适当修正。实践证明，网络询价不仅效率高，而且绝大多数询价结果基本能够反映市场真实价格，对于财产无需由专业人员现场勘验或鉴定的，人民法院应积极引导当事人通过网络询价确定参考价，并对询价报告进行审查。

经委托评估确定参考价，被执行人认为评估价严重背离市场价格并提起异议的，为提高工作效率，人民法院可以以评估价为基准，先促成双方当事人就参考价达成一致意见。无法快速达成一致意见的，依法提交评估机构予以书面说明。评估机构逾期未做说明或者被执行人仍有异议的，应及时提交相关行业协会组织专业技术评审。在确定财产处置参考价过程中，人民法院应当依法履行监督职责，发现当事人、竞拍人与相关机构、人员恶意串通压低参考价的，应当及时查处和纠正。

9. 适当增加财产变卖程序适用情形。要在坚持网络司法拍卖优先原则的基础上，综合考虑变价财产实际情况、是否损害执行债权人、第三人或社会公共利益等因素，适当采取直接变卖或强制变卖等措施。

（1）被执行人申请自行变卖查封财产清偿债务的，在确保能够控制相应价款的前提下，可以监督其在一定期限内按照合理价格变卖。变卖期限由人民法院根据财产实际情况、市场行情等因素确定，但最长不得超过60日。

（2）被执行人申请对查封财产不经拍卖直接变卖的，经执行债权人同意或者变卖款足以清偿所有执行债务的，人民法院可以不经拍卖直接变卖。

（3）被执行人认为网络询价或评估价过低，申请以不低于网络询价或评估价自行变卖查封财产清偿债务的，人民法院经审查认为不存在被执行人与他人恶意串通低价处置财产情形的，可以监督其在一定期限内进行变卖。

（4）财产经拍卖后流拍且执行债权人不接受抵债，第三人申请以流拍价购买的，可以准许。

（5）网络司法拍卖第二次流拍后，被执行人提出以流拍价融资的，人民法院应结合拍卖财产基本情况、流拍价与市场价差异程度以及融资期限等因素，酌情予以考虑。准许融资的，暂不启动以物抵债或强制变卖程序。

被执行人依照9（3）规定申请自行变卖，经人民法院准许后，又依照《最高人民法院关于人民法院确定财产处置参考价若干问题的规定》第二十二、二十三条规定向人民法院提起异议的，不予受理；被执行人就网络询价或评估价提起异议后，又依照9（3）规定申请自行变卖的，不应准许。

10. 充分吸引更多主体参与竞买。拍卖过程中，人民法院应当全面真实披露拍卖财产的现状、占有使用情况、附随义务、已知瑕疵和权利负担、竞买资格等事项，严禁故意隐瞒拍品瑕疵诱导竞买人竞拍，严禁故意夸大拍品瑕疵误导竞买人竞拍。拍卖财产为不动产且被执行人或他人无权占用的，人民法院应当依法负责腾退，不得在公示信息中载明“不负责腾退交付”等信息。要充分发挥网拍平台、拍卖辅助机构的专业优势，做好拍品视频宣介、向专业市场主体定向推送拍卖信息、实地看样等相关工作，以吸引更多市场主体参与竞拍。

11. 最大限度实现财产真实价值。同一类型的执行财产数量较多，被执行人认为分批次变价或者整体变价能够最大限度实现其价值的，人民法院可以准许。尤其是对体量较大的整栋整层楼盘、连片商铺或别墅等不动产，已经分割登记或事后可以分割登记的，被执行人认为分批次变价能够实现不动产最大价值的，一般应当准许。多项财产分别变价时，其中部分财产变价款足以清偿债务的，应当停止变价剩余财产，但被执行人同意全部变价的除外。

12. 准确把握不动产收益权质权变价方式。生效法律文书确定申请执行人对被执行人的公路、桥梁、隧道等不动产收益权享有质权，申请执行人自行扣划收益权收费账户内资金实现其质押债权，其他债权人以申请执行人仅对收费权享有质权而对收费账户内资金不享有质权为由，向人民法院提起异议的，不予支持。在执行过程中，人民法院可以扣划收益权收费账户内资金实现申请执行人质押债权，收费账户内资金足以清偿债务的，不应对被执行人的收益权进行强制变价。

四、充分用好执行和解及破产重整等制度

13. 依法用好执行和解和破产重整等相关制度。要在依法采取执行措施的同时，妥善把握执行时机、讲究执行策略、注意执行方法。对资金链暂时断裂，但仍有发展潜力、存在救治可能的企业，可以通过和解分期履行、兼并重组、引入第三方资金等方式盘活企业资产。要加大破产保护理念宣传，通过强化释明等方式引导执行债权人或被执行人同意依法将案件转入破产程序。对具有营运价值的企业通过破产重整、破产和解解决债务危机，充分发挥破产制度的拯救功能，帮助企业走出困境，平衡债权人、债务人、出资人、员工等利害关系人的利益，通过市场实现资源配置优化和社会整体价值最大化。

五、严格规范纳入失信名单和限制消费措施

14. 严格适用条件和程序。采取纳入失信名单或限制消费措施，必须严格依照民事诉讼法、《最高人民法院关于公布失信被执行人名单信息的若干规定》（以下简称失信名单规定）、《最高人民法院关于限制被执行人高消费及有关消费的若干规定》等规定的条件和程序进行。对于不符合法定条件的被执行人，坚决不得采取纳入失信名单或限制消费惩戒措施。对于符合法定条件的被执行人，决定采取惩戒措施的，应当制作决定书或限制消费令，并依法由院长审核后签发。

需要特别指出的是，根据司法解释规定，虽然纳入失信名单决定书由院长签发后即生效，但应当依照民事诉讼法规定的送达方式送达当事人，坚决杜绝只签发、不送达等不符合法定程序的现象发生。

15. 适当设置一定的宽限期。各地法院可以根据案件具体情况，对于决定

纳入失信名单或者采取限制消费措施的被执行人，可以给予其一至三个月的宽限期。在宽限期内，暂不发布其失信或者限制消费信息；期限届满，被执行人仍未履行生效法律文书确定义务的，再发布其信息并采取相应惩戒措施。

16. 不采取惩戒措施的几类情形。被执行人虽然存在有履行能力而拒不履行生效法律文书确定义务、无正当理由拒不履行和解协议的情形，但人民法院已经控制其足以清偿债务的财产或者申请执行人申请暂不采取惩戒措施的，不得对被执行人采取纳入失信名单或限制消费措施。单位是失信被执行人的，人民法院不得将其法定代表人、主要负责人、影响债务履行的直接责任人员、实际控制人等纳入失信名单。全日制在校生因“校园贷”纠纷成为被执行人的，一般不得对其采取纳入失信名单或限制消费措施。

17. 解除限制消费措施的几类情形。人民法院在对被执行人采取限制消费措施后，被执行人及其有关人员申请解除或暂时解除的，按照下列情形分别处理：

（1）单位被执行人被限制消费后，其法定代表人、主要负责人、影响债务履行的直接责任人员、实际控制人以因私消费为由提出以个人财产从事消费行为，经审查属实的，应予准许。

（2）单位被执行人被限制消费后，其法定代表人、主要负责人确因经营管理需要发生变更，原法定代表人、主要负责人申请解除对其本人的限制消费措施的，应举证证明其并非单位的实际控制人、影响债务履行的直接责任人员。人民法院经审查属实的，应予准许，并对变更后的法定代表人、主要负责人依法采取限制消费措施。

（3）被限制消费的个人因本人或近亲属重大疾病就医，近亲属丧葬，以及本人执行或配合执行公务，参加外事活动或重要考试等紧急情况亟需赴外地，向人民法院申请暂时解除乘坐飞机、高铁限制措施，经严格审查并经本院院长批准，可以给予其最长不超过一个月的暂时解除期间。

上述人员在向人民法院提出申请时，应当提交充分有效的证据并按要求作出书面承诺；提供虚假证据或者违反承诺从事消费行为的，人民法院应当及时恢复对其采取的限制消费措施，同时依照民事诉讼法第一百一十一条从重处理，并对其再次申请不予批准。

18. 畅通惩戒措施救济渠道。自然人、法人或其他组织对被纳入失信名单申请纠正的，人民法院应当依照失信名单规定第十二条规定的程序和时限及时审查并作出处理决定。对被采取限制消费措施申请纠正的，参照失信名单规定第十二条规定办理。

人民法院发现纳入失信名单、采取限制消费措施可能存在错误的，应当及时进行自查并作出相应处理；上级法院发现下级法院纳入失信名单、采取限制消费措施存在错误的，应当责令其及时纠正，也可以依法直接纠正。

19. 及时删除失信信息。失信名单信息依法应当删除（屏蔽）的，应当及时采取删除（屏蔽）措施。超过三个工作日采取删除（屏蔽）措施，或者虽未超过三个工作日但能够立即采取措施却未采取造成严重后果的，依法追究相关人员责任。

被执行人因存在多种失信情形，被同时纳入有固定期限的失信名单和无固定期限的失信名单的，其主动履行完毕生效法律文书确定义务后，一般应当将有固定期限的名单信息和无固定期限的名单信息同时删除（屏蔽）。

20. 准确理解限制被执行人子女就读高收费学校。限制被执行人子女就读高收费学校，是指限制其子女就读超出正常收费标准的学校，虽然是私立学校，但如果其收费未超出正常标准，也不属于限制范围。人民法院在采取此项措施时，应当依法严格审查，不得影响被执行人子女正常接受教育的权利；在新闻媒体对人民法院采取此项措施存在误报误读时，应当及时予以回应和澄清。人民法院经依法审查，决定限制被执行人子女就读高收费学校的，应当做好与被执行人子女、学校的沟通工作，尽量避免给被执行人子女带来不利影响。

21. 探索建立惩戒分级分类机制和守信激励机制。各地法院可以结合工作实际，积极探索根据案件具体情况对被执行人分级分类采取失信惩戒、限制消费措施，让失信惩戒、限制消费措施更具有精准性，更符合比例原则。

各地法院在依法开展失信惩戒的同时，可以结合工作实际，探索开展出具自动履行生效法律文书证明、将自动履行信息向征信机构推送、对诚信债务人依法酌情降低诉讼保全担保金额等守信激励措施，营造鼓励自动履行、支持诚实守信的良好氛围。

六、加大案款发放工作力度

22. 全面推行“一案一账户”系统。案款到账后且无争议的，人民法院应当按照规定在一个月内及时发还给执行债权人；部分案款有争议的，应当先将无争议部分及时发放。目前，最高人民法院正在全面推行“一案一账户”系统，各地法院要按照规定的时间节点和标准要求，严格落实系统部署与使用工作，确保案款收发公开透明、及时高效、全程留痕，有效堵塞案款管理漏洞，消除廉政风险隐患，最大限度保障各方当事人合法权益。

解读——

《最高人民法院关于在执行工作中进一步强化善意文明执行理念的意见》*

一、制定背景

党的十八大以来，以习近平同志为核心的党中央站在党和国家发展战略全局的高度，提出“切实解决执行难”重大决策部署。人民法院严格贯彻落实，全力攻坚克难，及时提出并已如期实现“基本解决执行难”这一阶段性目标，形成反规避执行的高压态势和全社会理解支持参与执行的良好氛围。“基本解决执行难”大大提高了生效法律文书兑现效率，使当事人尤其是民营企业、中小企业实现胜诉权益的成本大幅降低。2019年10月，世界银行发布《2020年全球营商环境报告》，我国营商环境全球排名从上期的第46位跃升至第31位，连续两年跻身全球优化营商环境改善幅度最大的十大经济体。法治是最好的营商环境。人民法院各项工作包括执行工作对此作出了重要贡献。

* 根据2020年1月2日最高人民法院有关负责人在《最高人民法院、司法部、中华全国律师协会关于深入推进律师参与人民法院执行工作的意见》《最高人民法院关于在执行工作中进一步强化善意文明执行理念的意见》新闻发布会上的介绍和答记者问整理。

2016年，中共中央、国务院下发《关于完善产权保护制度依法保护产权的意见》。2019年12月，又专门下发《关于营造更好发展环境支持民营企业改革发展的意见》，提出一系列改革举措，鼓励、支持民营企业改革发展。为严格贯彻落实中央有关文件精神，回应民事执行实践需要，根据民事诉讼法及相关司法解释，最高人民法院在充分调研、反复研究论证的基础上，出台了《最高人民法院关于在执行工作中进一步强化善意文明执行理念的意见》（以下简称《善意文明执行意见》）。

二、主要内容

《善意文明执行意见》分为6大部分，共计22条，内容比较丰富，操作性也较强，下面重点介绍以下几个方面的内容：

一是严格禁止超标的查封和乱查封。针对实践中有的法院存在的超标的查封和乱查封问题，首先，在《善意文明执行意见》中明确，我们要采取有效措施坚决纠正实践中出现的超标的查封、乱查封现象，畅通人民群众反映问题渠道，对有关线索实行“一案双查”，对不规范行为依法严肃处理。其次，规定冻结被执行人银行账户内存款的，应当明确具体数额，不得影响冻结之外资金的流转和账户的使用；对于体量较大的不动产，如果其价值明显超出债权额，就应当对相应价值部分进行查封；如果不动产只有一个产权证书，无法进行分割查封，必要时人民法院还要积极协调相关部门办理分割登记和分割查封。相关部门无正当理由拒不协助的，人民法院将依法对其采取处罚措施。最后，在《善意文明执行意见》第7条还规定，冻结上市公司股票的，应当以债权额为限计算出需要冻结的股票数量。在计算时，每股股票的价值以冻结前一交易日收盘价为基准，一般在不超过20%的幅度内确定，严格禁止超标的冻结上市公司股票。另外，对于股票已经被质押，并且本案申请执行人并非质权人的，针对实践中存在的冻结数量难以确定、存在超标的冻结风险等问题，我们经与相关部门沟通，也确立了质押股票新型冻结方式，主要目的是在保障债权人合法权益的同时，防范和解决质押股票超标的冻结问题。一直以来，对于超标的查封和冻结问题，最高人民法院的立场是坚定的，态度也是坚决的。在接下来一个阶段，我们将加大对该问题的监督和整治力度，也希望各级法院领导和同志们高度重视，严格落实。

二是在财产变价环节确保双方当事人利益最大化。首先，在现有司法解释基础上，进一步明确或新增加了变卖程序的适用。比如，在现有司法解释规定的基础上，《善意文明执行意见》第9条第2项增加了一种直接变卖的情形，即，如果直接变卖的变价款足以清偿执行债务，而且也不损害第三人利益的，即使执行债权人不同意，也可以不经拍卖直接变卖。再如，《善意文明执行意见》第9条第3项规定，被执行人认为法院的评估价过低，通过拍卖方式可能会损害他的利益，而申请以不低于评估价的价格自行变卖财产的，人民法院经过审查，认为不存在被执行人与其他人恶意串通，在财产评估环节故意压低评估价格，并以此价格低价变卖财产的，也可以准许。其次，在网拍环节最大限度吸引更多市场主体参与竞买，避免财产流拍。比如，《善意文明执行意见》第10条规定，人民法院在拍卖过程中，应当充分发挥网拍平台、拍卖辅助机构的专业优势，做好拍品视频宣介、实地看样等相关工作。再如，虽然根据现有司法解释规定（《最高人民法院关于人民法院民事执行中拍卖、变卖财产的规定》第三十条），拍卖财产成交后，除依法不能移交的外，人民法院应当在规定期限内交付买受人。但实践中，有个别法院在拍卖不动产时，认为腾退难度较大，就在公示信息中载明“不负责腾退”，致使竞买人不敢竞买，这不仅会导致财产因无人竞买而流拍，而且也严重损害了司法拍卖的公信力，对此，《善意文明执行意见》第10条予以明令禁止。

三是严格适用失信名单和限制消费措施。首先，在《善意文明执行意见》第14条重申人民法院必须严格按照相关司法解释规定的条件和程序采取这两项措施，在第16条明确不得采取惩戒措施的几类情形。其次，在《善意文明执行意见》第15条规定，各地法院可以结合案件实际情况，对于决定采取惩戒措施的被执行人，可以给予其一至三个月的宽限期，在宽限期内主动履行生效法律文书确定义务的，就不再采取惩戒措施；未履行的，再采取。通过这种威慑机制，一方面可以敦促被执行人履行义务，另一方面也可以最大限度降低对被执行人的不利影响。最后，在《善意文明执行意见》第17条规定了几类解除或暂时解除限制消费措施的情形。比如，公司被限制消费后，它的法定代表人、主要负责人的确因为公司经营管理需要发生变更的，原来的法定代表人、主要负责人申请解除对其本人的限制消费措施的，人民法院经审查，认为法定代表人、主要负责人不属于公司实际控制人或者影响债务履行的直接责任人员，也就是说，不存在恶意变更、规避执行的情形的话，应当予以准许。再如，对于实践中存在的，被限制消费的个人因为他本人，或者他的近亲属罹患重大疾病，或者他的近亲属去世等一些情形，需要紧急赶赴外地的，出于人道主义考虑，人民法院应当暂时解除限制其乘坐飞机、高铁措施。

各级人民法院在贯彻执行《善意文明执行意见》时应当注意的问题：一是要进一步增强善意文明执行的主动性和责任感，充分认识善意文明执行对提升人民法院严格规范公正文明执行水平，对维护社会公平正义、促进社会和谐稳定，对完善产权保护制度、促进营商环境改善和推动高质量发展的重要意义，在执行过程中，应当严格按照《善意文明执行意见》贯彻落实。二是要充分认识到，当前，被执行人规避执行、逃避执行仍是执行工作的主要矛盾和突出问题。突出执行工作的强制性，持续加大执行力度，严厉打击规避执行、逃避执行和抗拒执行行为，依然是执行工作的主线。各级法院要按照既定工作部署，驰而不息、久久为功，进一步巩固深化“基本解决执行难”工作成果，进一步健全解决执行难长效机制，努力向着党中央提出的“切实解决执行难”目标迈进。三是各级法院领导干部和执行干警要准确把握善意文明执行的精神实质。善意文明执行是在依法执行的基础上，对执行工作提出的更加严格、更加规范、更加公正的要求。要认识到，强化善意文明执行理念不是要削弱执行力度，也不是要放松工作标准，降低工作要求。要坚决杜绝以“善意文明执行”为借口消极执行、拖延执行或选择性执行，也要切实防止被执行人借此转移财产，规避执行，损害债权人合法权益。

三、热点问题

（一）有一些被执行人反映，法院在查封财产时，有时会出现超标查封的问题。最高人民法院如何解决此类问题？

最高人民法院对于如何解决此类问题，总原则是坚决禁止超标的查封、保全，违者一律追责，严肃处理，决不姑息。最高人民法院对于禁止超标的查封有明确规定，2004 年的《最高人民法院关于人民法院民事执行中查封、扣押、冻结财产的规定》和2016年的《最高人民法院关于办理财产保全案件若干问题的规定》对此作了明确要求。主要内容是，查封被执行人的财产以其价额足以清偿生效法律文书确定的债权额及执行费用为限，不得明显超标的查封。发现超标的查封的，人民法院应当依照被执行人的申请或者依职权及时解除超标的部分。其次，针对实践中超标的查封问题，人民法院也给予了当事人救济权利和程序。比如被执行人认为人民法院查封明显超过标的的，可以向人民法院提出异议，由执行异议审查机构就是否构成超标的查封进行审查，必要时会委托评估公司对财产进行评估。在确保债权实现的基础上，以最大限度保障被执行人的合法权益。再有，就是近年来人民法院一直不断加强执行工作的监督和管理，并建立了一整套的工作机制，比如通过信访监督的渠道，以及人民检察院检察建议函对个案的法律监督渠道，比如通过执行指挥管理系统对执行程序中的重要节点进行监控。这些方式方法都能够有效地避免超标的查封问题出现。同时，2019年以来，我们对人民法院特别是中基层法院执行实施案件进行有效监督，建立了"一案双查"的监督机制，这些工作机制不断强化对下级法院案件特别是实施案件的监督，对明显超标的查封问题，也是监督的重要方面。

对于超标的查封问题，有三个方面的客观因素不能忽视。第一个是，有的权证是不可分割的，是单一的，比如一栋大楼，它的债权很小，财产只有一个产权证，不可分割，只能对整个大楼进行查封。对此，有必要的时候，人民法院可以协调有关部门分层登记、分割查封。采取这种方式能够解决不必要的超标的问题。这种情况也需要相关行政部门给予配合。第二个是，案件的债权额因为利息增加这些变量因素导致它具有不确定性，为保障债权人债权，可能会多封一些。但封得太多，就会造成明显超标的问题。第三个因素，查封财产价值是波动变化的，比如查封上市公司的股票，它的价格不断变化的。这些因素都会导致超标的查封情况出现。为此，我们会在今后的工作中，不断细化要求、统一尺度，提升查封的准确性。

（二）近年来，人民法院利用进失信名单、限制消费等措施，对打击"老赖"发挥了重要作用，但《善意文明执行意见》中提到，要给予被执行人一定的宽限期，中间的度如何把握？

失信名单和限制消费这两项措施在解决执行难过程中发挥了重要作用，我们将不遗余力地坚持贯彻这两项制度。与此同时，我们意识到，一方面，随着这两项制度功能越来越强大，对被执行人产生的影响越来越大；另一方面，由于这两项制度实行的时间不是很长，一些工作机制也在日益完善，特别是在精细化、精准化管理方面还存在一些不足，需要进一步规范。为此，《善意文明执行意见》中强调要严格按照目前司法解释规定的条件和程序采取这两项措施，既不能随意扩大也不能违背法定程序适用。也就是说，人民法院适用这两个措施时应该坚持“严格依法、审慎适用”，避免因扩大适用、随意适用对当事人合法权益造成损害。

对于宽限期的问题。按照《善意文明执行意见》规定，不是所有案件都给宽限期，这个宽限期的把握要各地法院结合案件的具体情况，结合被执行人的履行意愿、失信程度来确定，相当于给他一个改过自新的机会，威慑并督促他主动履行。这种情形类似于我们在刑事处罚中的缓刑期，虽然他犯罪了，应当处罚，但是鉴于他的犯罪行为不是特别严重，给他一个改过自新的机会，如果他在缓刑期内遵守法律、改过自新，就不再收监执行了。所以这个宽限期的目的和考虑，就是让被执行人在宽限期内自动履行义务，如果在宽限期内主动履行了义务，我们也就不再对他进行信用惩戒和限制消费了。

对于实践中被限制消费的人，因为看病就医等紧急情况需要坐飞机、高铁立即赶赴外地的，出于人道主义考虑，《善意文明执行意见》规定法院应当准许。但这里要强调的是“应当准许”是有条件的。第一，必须由被限制消费的人提出申请。第二，提供有效证据。第三，要书面承诺。对于虚假提供证据或者违背承诺从事消费的行为，人民法院将严肃惩处，并对其再次申请，不再予以准许。

（三）《善意文明执行意见》中允许被执行人和质权人可以在股票冻结期间自行变卖股票。请问，这会对债权人权益产生不利影响吗？人民法院如何防范恶意转移财产的问题呢？

随着社会经济发展，公民财产形式越来越丰富，投资渠道越来越多元，人民法院冻结股票的情况越来越多见。为此，最高人民法院为了顺应工作需要，与中登公司建立了“总对总”的查控系统，执行法官可以通过系统直接冻结被执行人在上市公司的股票，大大提高了我们的工作效率。同时，我们应该认识到，包括股票在内的资本市场在金融运行中具有牵一发而动全身的重要作用。人民法院冻结上市公司股票时，既要保障申请执行人的权益，同时要关注投资者的投资权益，注重防范化解金融风险，推动高质量发展。为此《善意文明执行意见》第7条对上市公司股票冻结作了专门规定。

第一，要明确不能超标的冻结。针对实践中，各地在冻结股票时，股票价值计算方法不统一的问题，《善意文明执行意见》明确了，冻结时每股股票价值的计算方法，也就是按照冻结前一交易日收盘价为基准，结合股票市场行情，一般在不超过20%的幅度内合理确定，给法官预留一定的自由裁量空间。另外，还规定股票价格发生了剧烈波动的，也可以依申请，追加冻结或解除部分冻结。

第二，允许债务人通过二级市场交易方式自行变卖股票。之所以这样规定，是因为上市公司股票交易时价格是公开明确的、交易对象是不确定的，通过二级市场交易时，债务人能够积极寻找股票的最高点卖出，对于双方当事人权益保障是非常有利的。当然，这需要人民法院事先把债务人在证券公司开立的资金账户予以冻结，防止债务人变卖股票后将价款转移，给申请执行人造成损失。

第三，对于股票有质押的情况我们也作了明确规定。债务人持有的上市公司股票被质押，且质权人不是本案的保全申请人或申请执行人的时候，人民法院对质押股票进行冻结时，应按照《善意文明执行意见》第7条第一种情形的计算方式冻结相应数量的股票，并提前冻结债务人在证券公司的资金账户，明确具体的冻结数额，一般不得对全部股票和资金账户进行整体冻结，其目的就是尽可能减少对二级市场带来不必要的影响，维护金融市场稳定。

善意文明执行典型案例

典型案例选编目录

1. 某投资公司与某资源集团公司等财产保全案件

——北京法院通过“换封”方式解除对债务人持有的某上市公司股票的保全冻结为民营企业发展营造更好司法环境

【摘要】

本案在执行保全裁定过程中，北京法院冻结了民营企业某资源集团公司持有的某上市公司的股票。某资源集团公司请求解除股票冻结，北京法院本着善意执行、文明执行的理念，积极与保全申请人沟通，最终通过“换封”方式解除了对某资源集团公司股票的冻结，在确保申请人实现债权不受影响的前提下，最大限度降低了对被申请人及相关上市公司的不利影响。

【基本案情】

某投资公司与某资源集团公司股权转让纠纷一案，北京法院在审理过程中，根据某投资公司申请，作出诉讼保全裁定，明确冻结某资源集团公司名下近2亿元的财产。之后，北京法院向证券登记结算机构发出协助执行通知书，冻结了某资源集团公司持有的某上市公司数量较大的股票。

股票冻结后，被申请人某资源集团公司、第三人某科技公司向法院提出书面申请，由第三人某科技公司以其所有的等值土地作为担保，请求解除对被申请人股票的冻结。为最大限度维护双方当事人合法权益，既保障保全申请人实现债权不受影响，又避免对被申请人及相关上市公司正常经营造成不利影响，北京法院积极沟通协调，保全申请人某投资公司最终同意了被申请人的“换封”方案。随后，北京法院作出变更保全裁定，查封了第三人某科技公司的土地，并解除了对某资源集团公司股票的冻结。

【典型意义】

在案件审理过程中，为防止债务人转移财产，债权人会向人民法院提出保全查封债务人财产的申请，这对于敦促债务人主动履行义务、确保生效法律文书得到有效执行具有重要意义。本案中，北京法院依保全申请人申请，冻结了被申请人在某上市公司数量较大的股票。由于上市公司股票冻结对该上市公司融资和正常经营会有一定影响，北京法院本着善意文明执行的理念，积极与保全申请人沟通，找准双方利益平衡点，通过“换封”方式，最大限度降低了对被申请人及相关上市公司正常经营的影响，为保障民营企业等市场主体合法权益，推动法治化营商环境改善提供了有力司法服务和保障。

2. 北京某房地产公司申请执行北京某生物科技公司等股权转让纠纷案件

——北京一中院积极推动对涉案不动产的分割登记、部分查封

【摘要】

本案被执行人名下一座共20层大厦只有一个产权证，整体查封明显超过了本案执行标的额，但按照法律规定对于不可分物且被执行人无其他可供执行

的财产可以整体查封。北京一中院坚持善意执行理念，协调各登记管理机关，积极推动对不动产的分割登记，解除超出执行标的额部分的查封，避免因查封影响财产效用的发挥，尽量降低对债务人的不利影响。

【基本案情】

北京某房地产公司申请执行北京某生物科技公司、北京某投资公司、广州市某投资公司等一案，法院判决上述被执行人连带清偿申请执行人股权转让款8000万元及赔偿相关利息损失，由北京市第一中级人民法院立案强制执行；与此同时，该院还执行多个涉及北京某投资公司的案件，案由有民间借贷纠纷、股权转让纠纷、诉讼代理合同纠纷等，总标的额约6亿元。

执行过程中，法院查封了北京某投资公司名下位于北京市海淀区知春路的房产，该大厦共20层，估值在20亿左右。被执行公司提出申请，希望法院能解除对大厦的查封，表示公司会通过其他方式融资来清偿债务，但申请执行人坚决反对解除查封，担心一旦解除，自己的权利无法实现。

为保护各方当事人合法权益，执行法官多次前往北京住建委、规土委、不动产登记中心，反复协调沟通之后，将涉案大厦原有的一个产权证分割为24个产权证，然后办理了整栋大楼解除查封手续，变更为查封该大厦1－10层的房产，并重新查封了以上房屋之分摊土地面积，从而避免了超执行标的查封，使得被执行人得以盘活资产、进行融资，筹得款项清偿了涉案全部债务，系列案件得以全部顺利执行完毕。

【典型意义】

在执行案件中，一种常见的情形是被执行人名下的不动产估值远超过执行涉案金额，但整个不动产只有一个产权证，在执行中很难做到对不动产中涉案金额部分进行精准处置，但若整体处置又可能对被执行人的合法权益造成较大的影响，亟待人民法院采取灵活的执行措施，既能保障申请执行人的债权，又能尽量不影响被执行人的正常经营活动，避免不必要的损失。本案中，在最高人民法院统一调度和积极协调下，秉持善意执行理念，执行法院积极协调不动产登记机关，将涉案不动产共用的一个产权证分割为多个产权证，再查封案件标的范围内的部分不动产，使得被执行人可以对其他未查封部分房产进行正常经营、融资，使被执行人的利益免受不必要的损失，也促进了案件的顺利执结，用创新做法开创了执行工作的新局面，维护了各方当事人的合法权益。

3. 许某某等申请执行莆田市某房地产公司等借款纠纷系列案件

——莆田中院引入战略投资者帮助盘活被执行企业资产

【摘要】

本案被执行人莆田市某房地产公司是有着十几年历史的企业，员工上千人，因一时投资决策失误，资金链骤然断裂，债务缠身，债权人纷纷诉至法院。莆田中院强化府院联系，主动沟通协调，积极引入第三方战略投资者，盘活被执行人资产，依法妥善采取执行措施，推动案件执行和解。

【基本案情】

在福建省莆田市中级人民法院，以莆田市某房地产公司作为被执行人的未结执行案件有491件，申请执行标的本息近30亿元，法院依法查封了该公司名下的财产，但该公司某房地产项目因资金链断裂面临“烂尾”的风险，且拖欠工程款造成工人多次信访，如果简单实施查封、拍卖等强制执行手段，不仅可能会造成系列案件无法全部受偿，购房业主利益得不到保障，且企业也会面临破产，无法清偿工人工资，给当地社会带来不稳定因素。

莆田中院深入走访调查后发现，该房地产项目有楼盘34.78万平方米，预计销售额可达40多亿元，但被执行人因资金困难，将上述楼盘的土地使用权抵押给上海某房地产公司，抵押金额本金达5.75亿，相关案件已经在上海市高级人民法院进入执行程序。鉴于被执行公司资大于债，只是资金周转暂时出现困难，莆田中院认真贯彻最高人民法院提出的“依法审慎采取强制措施，保护企业正常生产经营，维护非公经济主体的经营稳定”的要求，积极寻求市委、市政府的支持，召集了市国土、规划、住建、消防、金融办、商业银行等相关部门多次研究部署，推动莆田市某投资集团作为战略投资者向被执行人分期注资5亿元用于楼盘复工。

另外，莆田中院多次与上海高院、上海某房地产公司沟通协调，上海高院同意暂不拍卖已查封的地块，上海某房地产公司同意把涉案房地产项目土地使用权的抵押权人分期置换为莆田市某投资集团。上海某房地产公司与莆田市某投资集团双方签订协议，由莆田市某投资集团先行向其支付 1.5 亿元，有关银行则向上海某房地产公司出具为期一年的保函，置换出原抵押于上海某房地产公司的项目土地使用权，之后以该土地使用权证书向银行融资并投入该项目建设。在此基础上，莆田中院根据当事人达成的和解协议，通过以房抵债或用售房款还债等形式，消灭前期债务。目前被执行人已经完成了融资，市政府将涉案房地产项目中的 3 幢楼作为莆田市引进人才公寓楼盘，有力推动涉案项目的销售。在此基础上，莆田中院根据双方当事人达成的和解协议，已陆续通过以房抵债或售房款形式有序偿还债权人，促使 491 件系列执行案件逐步得到妥善处理。该系列案件的解决，使得涉案房地产项目 400 多户购房户的房产得到交付，同时带动被执行人其他楼盘 3425 户业主的产权证件办理，支付拖欠的农民工工资 2 亿多元，顺利平息化解矛盾纠纷，维护了社会安定稳定。

【典型意义】

近年来，因房地产开发商资金链断裂、经营管理不善等原因导致房地产项目“烂尾”现象时有发生，引发拖欠借款、工程款以及商品房销售合同违约等一系列纠纷，涉及的利益主体众多，涉案标的巨大，解决问题的难度大，对社会稳定造成不利影响。如何既保障债权人合法权益，又能够使房地产项目得以盘活，让商品房得以交付是人民法院执行工作面临的重大难题。本系列案件的有效化解，是莆田中院解决涉金融案件“清理与拯救并重，要当好困境企业的医院”工作思路的生动体现，也是着眼服务大局、灵活运用善意执行手段的形象展示，更是积极争取地方党委、政府支持的有效成果。莆田中院多方联动、积极协调，盘活不良资产，避免了房地产项目“烂尾”的金融风险和社会矛盾的激化，得到了各界的肯定，为处理同类案件提供了可复制可推广的经验。

4. 左某娃申请执行左某英物权保护纠纷案件

——南京秦淮法院帮助被执行人取回被他人强占的房屋

【摘要】

本案是年逾古稀的两位亲姐妹之间的案件，姐姐强占妹妹房屋拒不归还，妹妹申请强制腾房，执行法院秉持善意执行理念，没有机械执行，经多方努力，帮助被执行人收回被他人强占的房屋，解决了被执行人的居住问题与后顾之忧，促使本案圆满执结。

【基本案情】

本案双方当事人是一对年逾古稀的同父异母姐妹，姐姐左某英年轻时远嫁兰州，丈夫去世后，无房无业的她靠社会保障勉强维持生活，两个亲生女儿也是生活艰难。几年前左某英回到南京，强占了妹妹左某娃位于秦淮区的房屋，引发了诉讼。法院依法审理后认为，左某娃合法拥有该房屋的占有使用权，左某英无合法依据强占他人房屋，侵害了左某娃的合法权益，判决左某英须迁出并归还该房屋给左某娃。在本案执行过程中，执行法官发现被执行人左某英生活非常拮据，在南京无其他可供居住的房屋，且患有心脑血管疾病、有晕厥史，很容易发生意外，不适宜进行强制执行，遂根据掌握的线索远赴被执行人生活地兰州调查，了解到左某英在兰州有一套住房，但是被他人强占，无法收回房屋。执行法院积极与当地有关部门联系协调，经多方努力，最终由有关部门帮助被执行人左某英收回其在兰州的房屋，并且执行法官还说服其两个女儿到南京接左某英回兰州，以彻底化解此次矛盾纠纷。被执行人在得知自己的居所已经收回且女儿亲自来接其回家后，主动迁出涉案房屋，在家人的陪伴下回到了兰州，该案得以圆满解决。

【典型意义】

腾退房屋是一种常见的执行案件类型。本案中，依法应腾退房屋的被执行人，存在与申请执行人是亲戚关系、当地无其他可供居住的房屋、年逾古稀且身患疾病等情形，如果简单地采取强制腾退措施，可能引发一系列问题，激化矛盾。在本案办理过程中，执行法院秉持善意执行理念，努力帮助被执行人解决居住问题，有效平衡了执行力度与执行温度之间的关系，用柔性执法彰显了司法温度，达到了定分止争的目的，促成案结事了人和，取得了良好的法律效果与社会效果。

5. 中国农业银行顺德勒流支行申请执行顺德某铜铝型材公司等金融借款合同纠纷案件

——顺德法院允许承租人继续使用查封厂房实现财产价值

【摘要】

广东省佛山市顺德区人民法院灵活采取查封措施，在处置涉案厂房期间，将厂房交由案外人继续占有使用并收取占用费，使查封财产能够物尽其用，避免资源浪费，并在此过程中，将占用费收取工作交由申请执行人管理，制作台账后交由法院审查备案，为进一步探索推行执行中的强制管理制度积累了经验。

【基本案情】

中国农业银行顺德勒流支行与顺德某铜铝型材公司等金融借款合同纠纷一案，人民法院判决被执行人应向银行清偿近亿元的本金及相关的利息、复利、罚息等。在本案执行过程中，法院查明被执行人名下有位于顺德某工业区的厂房。在法院拟拍卖该不动产的过程中，共有12名案外人以租赁使用涉案部分厂房为由向法院申报租赁关系。后经法院走访查明，上述厂房已分租给12名案外人使用，租户员工合计逾100人，部分租户已于2013、2014年入驻涉案厂房，因生产经营需要，大部分租户均投入了大量财物进行厂房升级改造，且因生产需要均配备大型机器设备，如强制清空，将对这12名案外人造成较大财产损失。

因涉案厂房内无证建筑物较多，需重新测量后交由国土部门入库审查，评估周期较长，法院在考虑12名案外人的实际情况后，为实现债权人权益最大化，避免查封财产的资源浪费，决定在处置涉案厂房期间，12名案外人可继续占有使用，但需参照所签订的租赁合同或市场价支付占用费。12名案外人均承诺继续使用涉案厂房至拍卖成交，如未能与新业主签订新租赁协议，将于拍卖成交之日起两个月内迁出涉案厂房。同时，顺德法院参照企业破产程序中破产管理人的制度，将占用费收取工作交由申请执行的银行负责，要求案外人将每月缴款的凭证发送给申请执行人，由申请执行人及时跟进、督促案外人支付占用费，并制作台账交由法院审查备案。以上执行措施既充分实现了暂无法处置的资产的价值，维护了各方当事人的合法权益，又有效节约了司法资源，赢得了各方好评。

【典型意义】

法院执行实务操作中，涉案房地产类型为大宗厂房或商场的，往往存在多个租客分租的情况，如何保障债权人、债务人、承租人三方的权益不受进一步损害，从而提高人民群众对法院执行工作的认可，是法院执行工作的一大难题。本案中法院通过灵活采取查封措施的方式，在评估、处置涉案厂房期间将其交由案外人继续占有使用并收取占用费，用于偿还申请执行人的债权，使查封财产能够物尽其用，避免资源浪费，体现了善意执行的理念。同时参照相关规定，将占用费收取工作交由申请执行人管理，也为进一步探索推行执行程序中的强制管理制度积累了经验。

6. 重庆某投资公司申请执行青岛某化工公司等借款合同纠纷案件

——重庆五中院积极化解矛盾顺利一次性执结2.9亿元大案

【摘要】

重庆市第五中级人民法院成功执结重庆某投资公司申请执行青岛某化工公司等借款合同纠纷案，高达2.9亿元的执行标的额一次性执行到位。本案涉案标的额大、案情复杂、涉及当事人多，具有较高的社会关注度。法院发挥司法智慧，化解当事人之间的争议矛盾，成功执结本案，有效保障了当事人的权益，维护了和谐稳定，取得良好的法律效果和社会效果。

【基本案情】

重庆某投资公司与重庆某石化公司、青岛某化工公司甲、青岛某化工公司乙、青岛某化工公司丙借款合同纠纷案，法院判决重庆某石化公司应偿还重庆某投资公司借款本金1.5亿元及相关借款利息、滞纳金；重庆某投资公司对青岛某化工公司甲提供质押的存放于青岛某化工公司乙、丙的共计5万吨抽余油在判决确定的债权范围内享有优先受偿权；若重庆某石化公司不能清偿判决所确定的债务，且质押物存在不足的情形，则青岛三家公司在质押物缺失的现值范围内承担赔偿责任。

本案立案执行后，重庆五中院迅速启动查封冻结工作，依法冻结了被执行人青岛三家公司在多个银行账户中的存款，并查封了青岛三家公司10余处房地产，为本案的执行工作推进奠定了良好基础。根据判决主文设定的“先油后款”的操作模式，本案应当先确定涉案“抽余油”现状，但是本案执行过程中，青岛三家公司以质押人青岛某化工公司甲并非本案质押物的实际所有权人、本案质权并不成立等理由进行抗辩，迟迟不愿指认涉案质押油品并明确其现状。本案执行法官及时赶赴青岛，现场核实了涉案油品的实际情况。在确定涉案5万吨抽余油不存在的情况下，重庆五中院即时进行案情研判，相应调整执行策略，探索采取对虚拟资产进行种类物现值评估的方式，对涉案5万吨抽余油的现值进行评估，为科学确定青岛三家公司应承担的赔偿责任额度提供参考依据。

本案进入评估阶段后，执行法官协调解决了各方对于如何确定油品现值的基准日以及评估中是否应含税值评估等争议问题，同时督促评估机构规范评估程序并及时作出评估报告，从而明确了青岛三家公司应承担的责任。经执行法官多方面工作努力，被执行人青岛三家公司主动通过青岛某化工公司甲将3.2亿元汇入法院执行款账户，全额履行完毕本案判决确定的给付义务。重庆五中院及时将青岛三家公司被查控在案的全部财产予以解除，并在依法扣减本案执行款项后，将余款全部退回被执行人账户。

【典型意义】

本案中，执行法官“抽丝剥茧”找准矛盾焦点，及时核实涉案油品的实际情况。在确定涉案执行财产抽余油实际不存在的情况下，为推进执行工作，法院经过深入细致研判，探索采取对虚拟资产进行种类物现值评估的方式，科学确定相关当事人应当承担的赔偿责任，有效破解执行中的障碍，为后续执行工作顺利推进奠定了坚实基础。执行法院运用司法智慧妥善化解纷争，积极协调各方当事人，认真释法明理，坚持以对话代替对抗，以善意化解分歧，针对各方当事人关注的焦点问题主动提供解决方案，并督促评估机构规范评估涉案油品，最终成功促使各方当事人就履行本案判决确定的给付义务达成共识并及时履行，体现了强制执行工作中加大执行力度与善意执行理念的有机结合。

7. 宝山区罗泾镇某村委会申请执行上海某园林公司等土地租赁合同纠纷案件

——上海宝山法院多措并举化解矛盾强有力执结土地腾退案

【摘要】

本案执行法院积极争取区委、区政法委的支持，与公安机关、属地镇政府等多部门进行联动，准确掌握涉案场地的实际情况，摸排矛盾激化风险点，制定周密执行方案，多措并举，扫清执行障碍，高效完成百余亩土地的腾退工作。

【基本案情】

上海市宝山区罗泾镇某村委会与上海某园林公司、上海某机动车驾驶员培训公司土地租赁合同纠纷一案，法院判决解除原告宝山区罗泾镇某村委会、被告上海某园林公司间的土地租赁协议，并判令上海某园林公司及第三人上海某机动车驾驶员培训公司返还 132. 8 亩租赁土地并支付拖欠的租金及相关费用。

本案进入执行程序后，执行法院查明，涉案的 132. 8 亩土地作为第三人的驾驶员培训基地使用，有 470 余辆教练车，约 1. 3 万名学员在基地学习。培训基地占用的其余 159 亩土地也属于违法用地，场地上存在多处违法搭建房屋和设施，生态环境保护部门已在巡查中发现该处违法用地，并挂牌督办该案件。另外，该驾校员工数百人曾联名信访，要求延期腾退，解决学员分流、补偿等事宜。此外，该驾校还存在大量学员因其他原因无法按期结业的情况，有矛盾激化的风险。

面对规模庞大的涉案土地、复杂的案情以及潜在的矛盾激化风险，宝山法院积极寻求宝山区委、区政府支持，在宝山区委、区政府的部署指挥下，成立了专案组，与公安机关、属地镇政府等多部门建立执行联动机制，群策群力。

针对驾校在涉案场地上持续招收新学员的行为，宝山法院向上海市交通委员会发函建议暂停办理驾校招录新学员的申请。同时，宝山法院会同宝山公安分局对驾校的法定代表人及其他股东进行约谈和法制教育，消除驾校股东的对抗情绪，督促其理性表达诉求，同时对被执行人采取了失信限消等措施，依法震慑了被执行人的法定代表人。为稳定驾校内部人员的情绪，宝山法院还协调由公安机关牵头，将涉案场地上的教练和学员分流安置至其他驾校进行培训活动，消除关键矛盾点。

通过前期充分的准备工作，在强大的执行威慑力保障下，最终该驾校主动表示愿意配合法院的执行工作。随后，宝山法院会同宝山公安分局、宝山区规土局执法大队、宝山区城管行政执法局等多家部门，对该涉案土地腾退及违法用地问题进行联合现场执法。在执行现场，请公证人员对相关财产的清理进行了公证，并登记造册。在涉案场地全部腾退完毕后，宝山法院将被执行人支付的场地占用费发还本案申请执行人，案件至此执行完毕。

【典型意义】

在本案的执行过程中，被执行人占用涉案土地作为驾校培训基地，对抗法院执行的主要筹码就是驾校中万余名教练与学员的安置问题。考虑到本案执行的主要目的是将涉案土地交还申请执行人，必须妥善安置驾校基地中的人员，避免因执行行为带来更大的社会矛盾。执行法官发函至上海市交通委员会，建议暂停驾校的招生活动，又运用多部门执行联动机制，会同公安机关协调其他驾校接受分流的教练与学员，将潜在的矛盾及时化解。此外，执行法官通过采取限制高消费、纳入失信名单等执行措施，让被执行人处处受限，对其形成高压态势。以强大的执行威慑力为后盾，做通被执行人的思想工作，由其配合法院的腾退，最终案件得以顺利执行完毕，充分体现了多措并举的强有力执行手段与善意执行理念的结合。

最高人民法院行政诉讼法司法解释理解与适用

（第三十八条至第四十条）

最高人民法院行政审判庭

第三十八条　对于案情比较复杂或者证据数量较多的案件，人民法院可以组织当事人在开庭前向对方出示或者交换证据，并将交换证据清单的情况记录在卷。

当事人在庭前证据交换过程中没有争议并记录在卷的证据，经审判人员在庭审中说明后，可以作为认定案件事实的依据。

【条文主旨】

本条是关于庭前证据交换的规定。

【起草背景】

本条第一款沿用了《行政诉讼证据规定》第二十一条的规定，第二款延续了《行政诉讼证据规定》第三十五条第二款的规定，条文内容和表述均没有变动。

行政诉讼法没有对证据交换问题作出规定。在民事诉讼领域，2001年12月21日公布的《民事诉讼证据规定》在第三十七条、第三十八条、第三十九条、第四十条[①]较详细地规定了证据交换的规则。2002年7月24日公布、同

① 《民事诉讼证据规定》第三十七条规定："经当事人申请，人民法院可以组织当事人在开庭审理前交换证据。人民法院对于证据较多或者复杂疑难的案件，应当组织当事人在答辩期届满后、开庭审理前交换证据。"第三十八条规定："交换证据的时间可以由当事人协商一致并经人民法院认可，也可以由人民法院指定。人民法院组织当事人交换证据的，交换证据之日举证期限届满。当事人申请延期举证经人民法院准许的，证据交换日相应顺延。"第三十九条规定："证据交换应当在审判人员的主持下进行。在证据交换的过程中，审判人员对当事人无异议的事实、证据应当记录在卷；对有异议的证据，按照需要证明的事实分类记录在卷，并记载异议的理由。通过证据交换，确定双方当事人争议的主要问题。"第四十条规定："当事人收到对方交换的证据后提出反驳并提出新证据的，人民法院应当通知当事人在指定的时间进行交换。证据交换一般不超过两次。但重大、疑难和案情特别复杂的案件，人民法院认为确有必要再次进行证据交换的除外。"

年10月1日起施行的《行政诉讼证据规定》对此进行了吸收借鉴。所谓证据交换，是指在人民法院的组织下，当事人之间将各自的证据与对方进行交换，法院将交换证据的情况记录在卷。证据交换是庭前准备程序中一项重要制度，其主要功能包括三个方面。第一，庭前证据交换要求当事人在庭审前全部提出并互换证据，通过证据交换可以整理证据、固定争点，以此保证开庭审理顺利进行。第二，通过证据交换使当事人对对方的证据和观点有充分的准备时间，从而保障当事人的质证权和辩论权能够充分有效地行使，有助于实现司法公正。第三，当事人通过证据交换可全面掌握案件的信息，有助于对案件的走向和最终结果形成更准确的判断，因此可以促进当事人之间和解。

【条文释义】

全面理解本条规定，需要把握以下几个方面。

一、适用证据交换的条件

本条第一款明确了证据出示与清单交换的适用范围，其适用于两种情况：一是案情比较复杂的案件，二是证据数量较多的案件。《民事诉讼证据规定》规定，经当事人申请，人民法院可以组织当事人交换证据，而《行诉解释》对此情况予以排除，将证据交换的范围限定在案情复杂和证据较多的案件。对于存在上述情况的案件，人民法院可以组织证据出示或交换。对于“事实清楚、权利义务关系明确、争议不大”而适用行政诉讼法第八十二条简易程序审理的行政案件，不必经过庭前准备程序，所以不在本条的适用范围之列。对于案情不复杂、证据不多的适用普通程序审理的行政案件，一般也不必采取庭前证据出示或交换的方式。另外本条表述的是人民法院“可以”而不是“应当”组织证据出示或交换，是否组织证据出示或交换，由人民法院根据实际情况决定，所以证据交换不是必经的法定程序。这里需要注意两个问题：第一，《民事诉讼证据规定》只单纯规定了证据交换，而《行政诉讼证据规定》及本条不仅规定了“交换”证据，还规定了“出示”证据，将出示和交换作为相对独立的两种行为。出示是为了让对方知晓证据情况，交换是为了持有对方的证据，但这两种行为都可以包含在证据交换制度之内。我国的证据交换制度的设立就是借鉴证据开示制度的结果。[①]《布莱克法律词典》对证据开示的定义为："了解原先所不知道的，揭露和展示原先隐藏起来的东西。"所以本条的"出示"和"交换"不宜理解为是两种不同的制度。第二，本条规定的出示或者交换证据，应理解为出示证据或者交换证据、复制品等。如果一方当事人提交的是书证、物证的原件，事实上是不能交换的，而只能出示。民事诉讼法第七十条第一款规定："书证应当提交原件。物证应当提交原件。提交原件或者原物确有困难的，可以提交复制品、照片、副本、节录本。提交外文书证，必须附有中文译本。"在证据交换程序中，一方出示证据后，另一方提出要求复制、摘录该证据的，人民法院应当准许。在必要时，可以组织当事人交换书证复印件或者物证的复制品等证据。

二、证据交换的范围

本条对于证据交换的范围没有直接加以规定，但是否意味着所有证据都可以交换呢？普通法上对证据开示的范围也有所限制，主要包括三种。（1）证据法上的保密特权。比如律师和委托人之间、夫妻之间、医生与患者之间、会计师与委托人之间的保密特权。还有官方信息保密特权，法院有权阻止损害事项保密性的证据开示。（2）律师准备的诉讼资料保密特权。律师为开庭准备的诉讼资料和法律意见，根据律师工作成果规则，有条件地承认保密特权。（3）当事人使用开示证据之限制。法院基于当事人、他人利益、公共利益、司法利益之衡平，有权对开示证据的使用进行限制。我国也有学者提出，下列证据不宜进行交换：（1）法律保护的关乎公益和私隐的证据；（2）非法获取的证据；（3）属于当事人及其诉讼代理人经过分析的具有智力成果性质的资料；（4）当事人重复要求出示的证据；（5）利用其他方法获得相应证据材料比进行证据交换更为简单和经济的；（6）证据交换利益严重背离公平原则和公共利益的。[②] 上述规则和意见均有一定的参考价值，但考虑到我国目前行政诉讼证据规则中并未明确规定排除事项，因此原则上所有能够在庭审中进行质

---

① 李国光主编：《最高人民法院〈关于民事诉讼证据的若干规定〉的理解与适用》，中国法制出版社2002年版，第288页。

② 参见张树义主编：《最高人民法院〈关于行政诉讼证据若干问题的规定〉释评》，中国法制出版社2002年版，第99页。

证的证据，都可以进行证据交换。只有不能进行质证的证据，才不能进行证据交换。需要注意的是，有关行政诉讼法第四十三条第一款所规定的，涉及国家秘密、商业秘密和个人隐私的证据应当保密，不得在公开开庭时出示，可以通过庭前证据交换等途径出示。

三、证据交换的时间

本条第一款限定了证据交换的时间在开庭之前。结合行政诉讼法第六十七条的规定，被告应当在收到起诉书副本之日起 15 日内向人民法院提交作出行政行为的证据和所依据的规范性文件，并提出答辩状。因此，证据交换应安排在答辩期届满之后、开庭之前进行。行政诉讼法第三十四条规定了被告对作出的行政行为负有举证责任，被告不提供或者无正当理由逾期提供证据，视为没有相应证据。《行诉解释》第三十五条、第三十六条、第三十七条对被告、原告、第三人申请延期提供证据及其操作程序分别作出了规定。关于证据交换的具体时间，可以由当事人协商一致并经人民法院认可确定，也可以由人民法院根据具体情况来指定。但无论采取哪种方式，证据交换的时间均应在庭审之前。需要特别说明的是，证据交换与举证时效是相互关联的具有内在联系的制度规范，举证时效制度是证据交换制度的配套制度。对此，《民事诉讼证据规定》第三十八条第二款规定，人民法院组织当事人交换证据的，交换证据之日举证期限届满。当事人申请延期举证经人民法院准许的，证据交换日相应顺延。结合《行诉解释》第三十五条、第三十六条、第三十七条的规定，证据交换日应在最终的举证期限届满日同日或之后。

四、证据交换的程序

证据交换的程序主要涉及证据交换由谁主持、法院在其中的职责、证据交换的步骤、次数等环节。

1. 证据交换的主持人。本条只规定到“人民法院”而没有进一步明确。首先，证据交换由哪个业务庭室负责曾在实践中存在争议。有的是立案庭负责，有的是行政庭负责。考虑到证据交换的主要目的是促使当事人在庭审前将全部证据提出，以便法院整理、固定证据和争点，所以由负责审理案件的审判庭负责证据交换显然更合适。否则，立案庭主持证据交换后将相关材料移送行政庭，行政庭重新了解情况再进行庭审，难免发生重复劳动。其次，对于负责证据交换的具体人员，《民事诉讼证据规定》第三十九条第一款规定"证据交换应当在审判人员的主持下进行"，行政诉讼证据交换可参照执行。一般情况下合议庭成员或法官助理可以主持证据交换，由书记员负责记录。

2. 法院在证据交换中的职责。本条规定的是"将证据交换情况记录在卷"，《民事诉讼证据规定》则更为详细，规定："在证据交换过程中，审判人员对当事人无异议的事实、证据应当记录在卷；对有异议的证据，按照需要证明的事实分类记录在卷，并记载异议的理由。通过证据交换，确定当事人争议的主要问题。"法院不仅要对证据交换情况记录在卷，而且通过当事人交换的证据来整理证据，通过对证据的整理明确争议的焦点。

3. 证据交换的步骤。本条没有作出相应规定，从实际工作出发，一般可按照下列步骤进行：第一，负责证据交换的审判人员向当事人阐明证据交换的规则和法律效果；第二，各方当事人宣读证据清单的内容；第三，按照被告、原告、第三人的顺序，各方当事人出示向法院提供的证据，由其他当事人确认有无异议；第四，书记员对证据交换的过程，特别是对有异议的证据及理由记载清楚；第五，当事人在笔录上签字。在证据交换的具体操作上，特别要注意改变以往当事人只提供证据清单，而不作任何说明的做法。要求当事人在提交证据的同时附上相应的详细说明。这样既有利于对方答辩，又可以加强当事人的举证责任，防止证据交换流于形式。①

4. 证据交换的次数。由于行政诉讼是对被诉行政行为的合法性进行审查，被告对作出的行政行为负有举证责任，而被告在作出行政行为时就已经收集了有关证据材料，所以一般情况一次证据交换就可达成预期目的。《民事诉讼证据规定》第四十条规定："当事人收到对方交换的证据后提出反驳并提出新证据的，人民法院应当通知当事人在指定的时间进行交换。证据交换一般不超过两次。但重大、疑难和案情特别复杂的案件，人民法院认为确有必要再次进行证据交换的除外。"行政诉讼可予以参考，如果原告或者第三人在证据交换后

---

① 黄学贤：《略论行政诉讼证据交换制度及其完善》，载《法制与社会》2003 年第 4 期。

提出新证据，法院可以组织第二次证据交换。一般案件证据交换不超过两次，特殊案件经法院认定确有必要的，可以增加证据交换次数。

五、证据交换的法律后果

本条第二款规定的是证据交换的法律后果，即当事人在证据交换中没有争议并记录在卷的证据，经审判人员说明后，可以作为认定案件事实的依据。对此需要进一步强调以下两点：第一，《行政诉讼证据规定》第三十六条规定，“经合法传唤，因被告无正当理由拒不出庭而需要依法缺席判决的，被告提供的证据不能作为定案的依据，但当事人在庭前交换中没有争议的证据除外”。未经质证的证据不得作为认定案件事实的依据，这是证据规则的基本原则之一。但如果在庭前证据交换中当事人对证据没有异议的，可视为该证据已经过了质证。被告拒绝出庭不影响证据的可采性。第二，证据交换的目的是整理证据、固定证据、明晰争点，所以经过庭前证据交换的案件，在开庭审理时只审理当事人有争议的事项，没有争议的证据不再质证，而且未经交换的证据在开庭审理时也不能质证。需要强调的是，证据交换只起明晰对方当事人诉讼资料的作用，以防止证据突袭的出现，它不是庭审中质证程序的前置。证据交换中不包含质证的内容。①

【实务指导】

一、证据交换与证据失权

要使证据交换制度真正起到整理证据和争点，促使庭审实质化的作用，就必须建立起与之配套的制度，证据失权或举证时效就是其中之一。证据失权即当事人丧失提出证据的权利，实质是丧失证明权。证明权是当事人的一项基本诉讼权利，证明权从属于当事人所享有的最基本的诉讼权利之一——主张权和陈述权。证明权的实现依赖于证据提出权。如果允许当事人随时提出证据，则证据交换制度所希望的证据整理、争点固定的功能则难以实现。举证时效或举证期限是从提出证据的权利的时效性来考虑的，其实质与证据失权是一样的。

① 朱雁、申涛：《行政诉讼证据交换制度研究》，载《行政与法》2004 年第 4 期。

《行诉解释》第三十五条、第三十六规定举证期限届满未提供或逾期提供证据的，视为没有证据，则保证了证据交换程序的有效性。举证时效或举证期限制度保证了证据交换的运行，但举证时效约束的是当事人，无法限制法院自行收集证据。行政诉讼法第四十一条对原告或者第三人申请法院调取的情况进行了限定，《行诉解释》第四十条又进一步规定了法院对该申请的审查标准。

二、证据交换的制度渊源

设立证据交换制度是借鉴证据开示制度的结果，理解证据交换就有必要了解其制度的渊源。证据开示最早源于 16 世纪下半期英国衡平法的司法实践，至 19 世纪英国司法改革合并普通法和衡平法诉讼时，证据开示程序才开始形成。1938 年美国《联邦民事诉讼规则》将证据开示制度“法典化”，正式确立为一项法定程序制度。1938 年以后，证据开示制度被纳入许多国家的民事诉讼法或证据法之中，从发展趋势来看，证据开示日益受到世界各国的重视。而证据开示制度本身也经历了不断地修改和完善。美国证据开示的范围非常广泛，只受到相关性和秘密特权的限制。英国的证据开示主要限制在诉答文书的范围内，而且通常只限于双方当事人之间，案外第三人的文书披露义务有限制规定。美国根据联邦民事诉讼规则，在开庭之前当事人可以用以下五种方法向对方和诉讼外第三人收集与案件有关的信息：（1）采取庭外录取证言的方法，在法庭之外询问对方当事人和证人；（2）向对方当事人送达质问书，对方当事人必须回答所质问的内容；（3）要求对方当事人或第三人提供文书或物证并可以调查对方当事人的有关地产；（4）要求对方当事人对某一事实和书证的真实性作出自认；（5）在人身伤害的损害赔偿等案件中，当事人经法院同意还可以检查受害人的身体和精神状态。在这五种庭前收集证据的方法中，除了检查受害人的身体和精神状态必须经过法院许可并由法院指定检查人外，其他收集证据的方法都不需要得到法院的许可。只有在发生争议时，经一方当事人申请法院才会介入，作出保护命令或相应的证据开示命令。英国与之最大的不同是不允许在审理之前将对方当事人作为证人进行询问，只能要求对方以宣誓的方式书面答复问题。在对违反证据开示义务的制裁方面，英美两国基本相同，制裁比较严厉。[1] 通过比较可以发现，我国诉讼法上的证据交换与英美的证据开示存在较大差异。英美的证据开示侧重于使当事人利用法定手段向对方收集证据，双方当事人在相互调查收集证据过程中达到了交换案件信息的效果。而我国把证据的调查收集和证据交换分成两个阶段，证据交换仅仅是展示和互换证据。

（白雅丽撰写）

第三十九条　当事人申请调查收集证据，但该证据与待证事实无关联、对证明待证事实无意义或者其他无调查收集必要的，人民法院不予准许。

【条文主旨】

本条是关于人民法院对于当事人申请调查收集证据因无关联性而不予准许的规定。

【起草背景】

本条是司法解释新增加的内容，是在遵循行政诉讼法和《行政诉讼证据规定》关于当事人申请调取证据的规定基础上，对申请调取证据的范围作出的限制性规定。本条解释直接吸收借鉴了《民诉解释》第九十五条的规定，主要是从证据不具备关联性和证明效力角度，就人民法院对当事人申请调取证据不予准许的情形予以明确。

行政诉讼中，除了接纳当事人提供的证据，人民法院依职权或者依当事人申请调取的证据，对于弥补当事人举证能力不足，促进行政争议实质解决，最大限度实现实体公正，具有十分重要的意义。但是，人民法院的中立性决定了当事人才是提供证据的主体，人民法院调取证据只能是一种特殊情形，且对于当事人调取证据的申请，人民法院应依法审查。人民法院认为应当由当事人自行提交且当事人能够掌握和获取的证据，原则上不应支持当事人调取证据的申请。同时，针对实践中极少数当事人滥用申请权和过于依赖人民法院调取证据的情形，人民法院也有权不予准许。

特别是近年来，随着2014年修正行政诉讼法的全面实施和立案登记制的

① 参见常怡主编：《比较民事诉讼法》，中国政法大学出版社2002年版，第528～529页。

广泛推行，行政诉权和其他诉讼权利得到充分保障，行政案件数量出现了较大幅度增长，当事人及其委托诉讼代理人申请人民法院调查取证的现象也逐渐增多，尤其是在土地房屋征收、自然资源权属争议处理、工伤劳动保障等涉及基本财产权益和人身权益行政案件审理中，当事人及其委托诉讼代理人向人民法院申请调取征收文件、资源登记台账、道路交通事故责任认定材料等证据材料的情形日益频繁，人民法院不堪重负，且容易陷入角色冲突，中立性受到质疑。而且从调取情况看，绝大多数申请调取的证据没有实际效用，即要么所调取证据材料与案件事实缺乏关联，要么所调取证据的证明目的已为其他证据所证明，这既造成司法资源的无价值耗费，也减损了行政案件的审判效率，是当前人民法院行政审判工作中急需研究解决的新问题。

【条文释义】

现行行政诉讼法第四十一条规定："与本案有关的下列证据，原告或者第三人不能自行收集的，可以申请人民法院调取：（一）由国家机关保存而须由人民法院调取的证据；（二）涉及国家秘密、商业秘密和个人隐私的证据；（三）确因客观原因不能自行收集的其他证据。"上述规定，一方面确立了我国行政诉讼当事人申请调取证据制度，即赋予原告和第三人申请人民法院调取证据的权利，明确人民法院向有关单位和个人调查收集证据的职责和义务；另一方面也对当事人申请人民法院调取证据的范围作出界定，即当事人申请人民法院调取的证据应当是其无法自行收集获取，而且申请调取的证据主要限定在以上三种类型中。《行政诉讼证据规定》第二十三条、第二十四条、第二十五条和第二十六条分别对当事人申请调取证据的范围、申请调取证据的方式和期限、人民法院处理程序等作出了细致规定，进一步规范了申请调取证据行为，从而保障行政诉讼活动顺利进行。

本条司法解释在肯定当事人享有申请调查取证权利基础上，对因不具有关联性而不予调查收集证据的情形做了列举。根据本条规定，当事人申请调取的证据存在以下三种情形的，人民法院有权决定不予调取。

首先，与待证事实无关联的证据。"关联性是证据的自然属性，是证据与案件事实之间的客观存在的联系。”① 关联性是人民法院审查判断证据能力的基本标准，缺乏关联性的证据没有证据能力，不属于行政诉讼法所规定的证据，不能作为认定案件事实的根据。故对于当事人申请调取的证据与待证事实无关联的，人民法院可以决定不予调取。

其次，对证明待证事实无意义的证据。此处所谓“无意义的证据”主要是指无价值的证据。“证据的生命力在于证据价值。证据价值又称为证据的证明力，是指证据对于案件事实的证明意义和作用。不同种类的证据，其证明价值有强弱之分，基本上可以分为绝对证据价值、相对证据价值和无证据价值三种。”② 对证明待证事实无意义的证据，实际上就是对证明待证事实无价值的证据，简言之，无价值的证据就是指没有证明力或者证明力极其微弱的证据。一般情况下，难以形成证据链条的单个或几个间接证据，无法核实比对的传来证据，不能有效证明待证事实的存在与否，这些证据即属于没有价值或没有意义的证据，调取也丧失了效用，故不应准许。

最后，其他无调查收集必要的证据。若案件现有证据已经能够有效证明待证事实的存在与否，或者现有证据已经能够决定案件的裁判结果，再行调查收集来的证据对案件的结果已经没有影响，此时基于诉讼经济和法律效果之考虑，对当事人提出的调查收集证据申请不应再准许，以防止诉讼进行的拖延，或者不适当地加重对方当事人的负担。例如，现有证据能够证明工商行政管理部门在作出处罚决定前未听取陈述申辩，而原告以工商行政管理部门在现场检查时未告知身份和出示证件为由向人民法院申请调取监控摄像，由于对被诉行政处罚的程序合法性事实上已能够作出判断，此时再申请调取证据已无现实必要，故不应准许。

【实务指导】

在理解和适用本条规定过程中，还需要关注以下两个方面问题。

一、当事人申请调取证据的期限和形式

根据《行政诉讼证据规定》相关规定，当事人应当在举证期限内提交调

① 何家弘：《论证据的基本范畴》，载《法学杂志》2007 年第 8 期。

② 齐树洁主编：《英国证据法》，厦门大学出版社 2002 年版，第 42 页。

取证据申请书。在一般案件中，当事人应当在第一审举证期限届满前向人民法院提交调取证据申请，即第一审开庭前或者人民法院指定的交换证据之日前；当事人有正当事由的，可以在第一审庭审中或者第二审程序中提出调取证据申请。当然在特殊情况下，当事人在第一审庭审后才发现有关证据线索，其就可以在第二审程序中提出调取证据的申请。当事人提交的调取证据申请书应当包括以下几个方面内容：（1）证据持有人的姓名或者名称、住址等基本情况；（2）拟调取证据的内容；（3）申请调取证据的原因及其要证明的案件事实。

根据《行政诉讼证据规定》第二十五条的规定，人民法院对当事人调取证据的申请，经审查符合调取证据条件的，应当及时决定调取；不符合调取证据条件的，应当向当事人或者其诉讼代理人送达通知书，说明不准许调取的理由。当事人及其诉讼代理人可以在收到通知书之日起3日内向受理申请的人民法院书面申请复议一次。人民法院应当在收到复议申请之日起5日内作出答复。人民法院根据当事人申请，经调取未能取得相应证据的，应当告知申请人并说明原因。

二、被告能否申请人民法院调取证据问题

行政诉讼法第四十一条和《行政诉讼证据规定》第二十三条均规定原告或者第三人不能自行收集的证据，可以申请人民法院调取，即明确原告和第三人享有申请人民法院调查取证权。立法和司法解释之所以如此规定，其深刻原因在于作为行政法律关系主体的行政机关与行政相对人或利害关系人在地位上的不平等性。通常情况下，被告行政机关占据主动和优越地位，拥有充足的人员、装备等有利条件，享有调取证据的主动权。而作为原告的行政相对人或利害关系人在行政程序中处于被动地位，被诉行政行为作出时所依据的事实材料和规范性文件一般由行政机关掌握，行政相对人或利害关系人查阅和收集起来具有一定难度甚至根本无法获取。[①] 但行政诉讼法和《行政诉讼证据规定》并没有对被告行政机关申请调取证据作出禁止性规定，也并不意味着被告需要申请人民法院调取证据的情形就不存在。为给行政诉讼可能发生的特殊情况留有

① 参见李国光主编：《最高人民法院〈关于行政诉讼证据若干问题的规定〉释义与适用》，人民法院出版社2002年版，第50页。

一定便于人民法院灵活掌握的空间，本条司法解释将申请调取证据的主体明确为当事人，即认可被告同样享有申请调取证据的权利。但需要特别强调指出的是，被告申请人民法院调查收集证据的用途是应当受到严格限制的，不能违背“先调查取证后裁决”这一原则，也不能违背被告对作出的行政行为合法性承担举证责任原则，人民法院不为证明行政行为合法性而接受被告调查收集证据的申请，人民法院根据被告申请所调查收集的证据，也不能直接作为证明被诉行政行为合法性的证据，一般只能用以证明与被诉行政行为合法性不直接关联的待证事实。例如，在原告起诉被告房屋登记案件中，被告主张原告起诉超过1年的法定起诉期限，其理由是原告在另案民事诉讼中早已知道房屋登记的事实，此时被告可以申请调取相关民事案件的庭审笔录和裁判文书。再如根据行政诉讼法第三十六条第二款有关被告补充证据的例外规定，即“原告或者第三人提出了其在行政处理程序中没有提出的理由或者证据的，经人民法院准许，被告可以补充证据”，那么此种类型的证据，如果存在符合行政诉讼法第四十一条规定情形的，被告也可以向人民法院申请调查收集，是否准许由人民法院决定。

（耿宝建、于元祝撰写）

第四十条　人民法院在证人出庭作证前应当告知其如实作证的义务以及作伪证的法律后果。

证人因履行出庭作证义务而支出的交通、住宿、就餐等必要费用以及误工损失，由败诉一方当事人承担。

【条文主旨】

本条是关于人民法院告知证人出庭作证义务、法律后果以及证人出庭支出费用承担的规定。

【起草背景】

行政诉讼法第三十三条第五项规定证据包括证人证言这一主要证据类型。但对如何形成证人证言，特别是证人出庭作证的权利、义务以及法律责任，未作明确规定。民事诉讼法第七十四条规定：“证人因履行出庭作证义务而支出的交通、住宿、就餐等必要费用以及误工损失，由败诉一方当事人负担。当事人申请证人作证的，由该当事人先行垫付；当事人没有申请，人民法院通知证人作证的，由人民法院先行垫付。”《民诉解释》第一百一十九条规定：“人民法院在证人出庭作证前应当告知其如实作证的义务以及作伪证的法律后果，并责令其签署保证书，但无民事行为能力人和限制民事行为能力人除外。证人签署保证书适用本解释关于当事人签署保证书的规定。”本条借鉴了《民诉解释》第一百一十九条第一款及民事诉讼法第七十四条的规定，新增了有关将无民事行为能力人和限制民事行为能力人作证记入笔录的规定。

【条文释义】

所谓证人是指知道案件事实并向司法机关提供证言的人。因此，不论男女老幼，也不论与当事人关系的远近亲疏，都可以作为证人向司法机关提供证言。当然，根据刑事诉讼法第六十条第二款规定，生理上、精神上有缺陷或者年幼，不能辨别是非、不能正确表达的人，不能作证人。

为了确保证人证言的真实性和落实直接言词原则，让证人出庭作证，当庭提供证言，并接受当事人的询问，是证人提供证言的首选形式。《行政诉讼证据规定》第四十一条规定：“凡是知道案件事实的人，都有出庭作证的义务。有下列情形之一的，经人民法院准许，当事人可以提交书面证言：（一）当事人在行政程序或者庭前证据交换中对证人证言无异议的；（二）证人因年迈体弱或者行动不便无法出庭的；（三）证人因路途遥远、交通不便无法出庭的；（四）证人因自然灾害等不可抗力或者其他意外事件无法出庭的；（五）证人因其他特殊原因确实无法出庭的。”可见，出庭作证既是证人的权利，更是证人的义务。

为了鼓励证人出庭作证而不是仅仅在法庭外提供证言，各国证据法均规定了出庭作证的证人证言要优于未出庭作证的证人证言。《行政诉讼证据规定》第六十三条第八项规定，出庭作证的证人证言优于未出庭作证的证人证言，第七十一条第三项则规定，应当出庭作证而无正当理由不出庭作证的证人证言，不能单独作为定案依据。

本条参考民事诉讼法及其司法解释的相关规定，对证人出庭作证的具体要求进行了明确。人民法院在证人出庭作证前应对证人如实作证的义务以及违反义务的后果进行释明，保证证人理解义务的内容及违反规定的不利后果。

一、"如实作证"的含义

一般认为，证人出庭有以下三种途径：一是证人自己主动向法庭提出出庭作证的申请，二是根据当事人申请并经法庭允许出庭作证，三是根据法庭通知要求出庭作证。但不论是以何种形式出庭作证，证人都只能"如实作证"，而不能成为一方当事人或者法庭的代言人。从此层面来看，证人是法庭的证人，而不是当事人的证人，因此理所应当，证人有如实陈述的义务，也有要求国家提供相应条件确保其作义务实现并确保其证人身安全的权利。

显然，由于各种主客观因素影响，对同一待证事实，证人提供的证言可能并不一致，与其他证据既可能互相印证，也可能相互冲突。那么什么叫"如实作证"？证人能否作出推论和评价呢？

有学者主张，在证人出庭作证前人民法院应当以该证人所能理解的语言，告知其有就有关内容作全部真实陈述的义务，并且所作陈述仅限于真实感知，不得陈述自己的意见。由此可见，"如实作证"是指证人如实陈述自己感知的案件事实，不能使用猜测、推断或者评论性的语言，不能宣读事先准备的书面证词，也不得对事实发表意见。①与专家证人可以提供意见证据不同，普通证人只能以其亲自感知的事实提供证言，对其所听、所见、所感受的事实进行客观陈述，并不得对这些事实进行推论，因而普通证人就有关案件事实进行的推论，一般不具有可采性。证人因主观条件限制形成的与案件事实不一致的陈述，法院不予采信，但该陈述并不属于不如实作证范畴。当然，如果证人明知其所陈述的并非事实，或者故意作出与所听、所见、所感受的事实不一致的虚假陈述，则可能要承担相应的责任。

二、法院对证人身份的审查与法院的告知义务

虽然法院在准许证人出庭作证前就证人的资格已经做过审查，但法院在证人出庭作证前，再次向证人核实上述条件，以防止不具备证人资格的自然人向法庭陈述的情形出现。同时，实践中不乏存在某些证人虽然出庭作证，但是因

① 宋春雨：《〈民事诉讼法〉修改中完善民事证据制度的若干设想》，载《法律适用》2011年第5期。

担心自身权益受到损害，而不敢如实陈述自己感知的事实的情形，以及部分证人有法官不能正确记录其真实意思表示之疑虑等。对此，法院应向证人作出释明，证人可要求补充、更正证人笔录；证人有权要求法院对其住址、工作单位等采取适当的保密等措施予以保护；证人有权要求法院对其因作证而遭遇威胁的人身安全予以保护。法院应向证人充分释明其应如实作证，消除证人如实作证可能产生不利后果的担忧，以及告知证人作伪证的法律后果。法院在审查是否准许当事人关于申请证人出庭作证的申请时，还应向申请人释明，如法院准许证人出庭作证其应先行垫付证人因履行出庭作证义务而支出的交通、住宿、就餐等必要费用以及误工损失，并且向其说明该费用最终由败诉方承担。上述费用必须于法院准予证人出庭作证时缴纳至法院，并由法院转交证人。如法院依职权调查收集证据，通知证人出庭作证的，应由法院先行垫付证人的相关支出。

三、证人作伪证的法律后果

证人证言是行政诉讼法规定的一种重要的证据种类，证人故意作出虚假陈述会阻碍法院审理工作的正常进行甚至可能会导致法院裁判出现错误。因此，为了保证证人如实作证，法律对证人作伪证行为作出惩处规定。根据行政诉讼法第五十九条第一款第二项的规定，对于作伪证者，人民法院可以根据情节轻重予以训诫、责令具结悔过或者处一万元以下的罚款、15 日以下的拘留；构成犯罪的，依法追究刑事责任。在证人出庭作证时，法院应将以上内容明确告知证人。

为抑制证人作伪证问题，《民诉解释》第一百一十九条还规定了证人具结制度。签署保证书是证人的一项义务，证人不能拒绝，证人签署保证书与当事人签署保证书应当适用相同的规定。① 证人拒绝签署保证书的，不得作证，并自行承担相关费用。② 这样的规定，对于行政诉讼中的证人，同样适用。

---

① 《民诉解释》第一百一十条第二款规定："保证书应当载明据实陈述、如有虚假陈述愿意接受处罚等内容。当事人应当在保证书上签名或者捺印。"

② 《民诉解释》第一百二十条规定："证人拒绝签署保证书，不得作证，并自行承担相关费用。"

四、证人出庭作证费用的负担问题

证人在承担出庭作证义务的同时也应享有一定的权利。依据本条规定，证人享有获得因履行出庭作证义务而支出的交通、住宿、就餐等必要费用以及误工损失费等的补偿的权利。对证人因出庭作证产生的上述费用，法律规定最终由败诉一方当事人承担。为进一步提高证人出庭作证的积极性，对证人因出庭作证产生的上述费用，一般来说应由相关方先行垫付，并由垫付方交至法院，通过法院支付给证人。在我国，证人出庭作证以当事人申请并经法院许可为原则，以法院主动传唤对案件事实认定有帮助的证人出庭作证为例外。因此，对证人的经济补偿先行垫付方式分为两种：当事人申请证人作证的，由该当事人先行垫付；当事人没有申请，人民法院依法通知证人作证的，由人民法院先行垫付。关于证人出庭作证的费用的补偿数额，无论是当事人还是法院先行垫付，均应由法院依照《民诉解释》第一百一十八条①规定确定。鉴于补偿费数额的负担方需要以法院最终生效裁判文书确定，因此，法院在确定补偿费数额时，应通知双方当事人，并听取双方的意见。该经济补偿是证人的一项权利，如果证人明确不主张经济补偿或者最终要求的数额低于法院确定的数额，法院应尊重证人的决定。

证人出庭后作伪证，失去取得经济补偿的法律基础，应退还收取的补偿费。证人出庭后，法院在其作证前，查明其不具有出庭作证的资格或者其拒绝证言的主张成立，如此申请系当事人申请，该证人的经济补偿费应由申请人与法院分担。如系法院依职权通知证人出庭作证的，该经济补偿费由法院先行负担。

【实务指导】

关于证人拒绝作证、拒绝出庭的后果及承担问题作以下说明。

由于证人作证具有高度的人身依附性，且证人也不是案件当事人，因此各国法律均无强制证人作证的规定。对知道案件事实但不愿意履行作证义务的，

---

① 《民诉解释》第一百一十八条规定："民事诉讼法第七十四条规定的证人因履行出庭作证义务而支出的交通、住宿、就餐等必要费用，按照机关事业单位工作人员差旅费用和补贴标准计算；误工损失按照国家上年度职工日平均工资标准计算。人民法院准许证人出庭作证申请的，应当通知申请人预缴证人出庭作证费用。"

也没有相应的制裁措施。同时，为了维护公序良俗和社会核心价值，还规定了具有特殊身份关系、特殊职业群体的人员，即使知道案件事实，也可以行使拒绝作证的特权。《论语·子路》即有“父为子隐，子为父隐，直在其中矣”的记载。“亲亲得相首匿”也是汉代刑罚适用原则之一，并一直为后世历代所沿用。即直系三代血亲之间和夫妻之间，除犯谋反、大逆以外的罪行，有罪可以互相包庇隐瞒，不向官府告发。对于亲属之间容隐犯罪的行为，法律也不追究责任。我国也有学者主张，具有下列情形之一的，证人有拒绝作证的权利：（1）当事人一方或双方是该证人或其配偶三代以内的直系血亲的；（2）证人所作陈述，有导致其本人或第一项规定的人受到刑事追究可能性的；（3）证人所作陈述，有导致其本人或第一项规定的人产生公法上没收财产后果的可能性的；（4）证人所作陈述可能涉及国家秘密，而尚未得到有关国家机关行政首长许可的；（5）本人与代理人、本人与辅助人间，基于诚实信用原则，或证人与其他人间，基于合同关系，而有保护他人商业秘密、个人秘密的义务，未得该他人许可的；（6）作证内容涉及证人与其心理医生间的心理咨询事项。他们还主张，证人虽有上述（1）（2）（3）项所规定的情形，但对下列事项，仍不得拒绝作证：（1）对同居人或曾同居人的出生、死亡、婚姻或其他身份上的事项；（2）因亲属关系所产生的财产上的事项；（3）作为证人而知悉的法律行为的成立及其内容事项。证人虽有上述（4）（5）规定情形，但在作证时其保密责任已经免除，不得再以前条规定的情形为由，拒绝作证。①

实践中，为了查明案件事实，对于不具备特殊关系的证人而言，应当尽可能出庭作证并如实陈述。

（耿宝建、孙辉妮撰写）

① 参见江伟教授主持、陈界融博士主笔《中华人民共和国证据法》（修改稿，统一证据法学者建议稿）第五十二条、五十三条。

部门规章、规章性文件与解读

市场监督管理执法监督暂行规定

2019 年 12 月 31 日　　　　　　国家市场监督管理总局令第 22 号

第一条　为了督促市场监督管理部门依法履行职责，规范行政执法行为，保护自然人、法人和其他组织的合法权益，根据有关法律、行政法规，制定本规定。

第二条　本规定所称执法监督，是指上级市场监督管理部门对下级市场监督管理部门，各级市场监督管理部门对本部门所属机构、派出机构和执法人员的行政执法及其相关行为进行的检查、审核、评议、纠正等活动。

市场监督管理部门开展执法监督，适用本规定；法律、法规、规章另有规定的，依照其规定。

第三条　执法监督应当坚持监督执法与促进执法相结合、纠正错误与改进工作相结合的原则，保证法律、法规、规章的正确实施。

第四条　各级市场监督管理部门应当加强对执法监督工作的领导，建立健全执法监督工作机制，统筹解决执法监督工作中的重大问题。

第五条　各级市场监督管理部门内设的各业务机构根据职责分工和相关规定，负责实施本业务领域的执法监督工作。

各级市场监督管理部门法制机构在本级市场监督管理部门领导下，具体负责组织、协调、指导和实施执法监督工作。

第六条　执法监督主要包括下列内容：

（一）依法履行市场监督管理执法职责情况；

（二）行政规范性文件的合法性；

（三）公平竞争审查情况；

（四）行政处罚、行政许可、行政强制等具体行政行为的合法性和适当性；

（五）行政处罚裁量基准制度实施情况；

（六）行政执法公示、执法全过程记录、重大执法决定法制审核制度实施情况；

（七）行政复议、行政诉讼、行政执法与刑事司法衔接等制度落实情况；

（八）行政执法责任制的落实情况；

（九）其他需要监督的内容。

第七条 执法监督主要采取下列方式：

（一）行政规范性文件合法性审核；

（二）公平竞争审查；

（三）行政处罚案件审核、听证；

（四）重大执法决定法制审核；

（五）行政复议；

（六）专项执法检查；

（七）执法评议考核；

（八）执法案卷评查；

（九）法治建设评价；

（十）依法可以采取的其他监督方式。

第八条 本规定第七条第（一）项至第（五）项所规定的执法监督方式，依照法律、法规、规章和有关规定执行。

本规定第七条第（六）项至第（八）项所规定的执法监督方式，由市场监督管理部门内设的各业务机构和法制机构单独或者共同实施。

本规定第七条第（九）项所规定的执法监督方式，由市场监督管理部门法制机构实施。

第九条 市场监督管理部门主要针对下列事项开展专项执法检查：

（一）法律、法规、规章、行政规范性文件的执行情况；

（二）重要执法制度的实施情况；

（三）行政执法中具有普遍性的热点、难点、重点问题；

（四）上级机关和有关部门交办、转办、移送的执法事项；

（五）社会公众反映强烈的执法事项；

（六）其他需要开展专项执法检查的事项。

市场监督管理部门应当加强对专项执法检查的统筹安排，统一制定专项执法检查计划，合理确定专项执法检查事项。

第十条 市场监督管理部门主要针对下列事项开展执法评议考核：

（一）执法主体是否合法；

（二）执法行为是否规范；

（三）执法制度是否健全；

（四）执法效果是否良好；

（五）其他需要评议的事项。

市场监督管理部门开展执法评议考核，应当确定执法评议考核的范围和重点，加强评议考核结果运用，落实评议考核奖惩措施。

第十一条 市场监督管理部门主要针对下列事项开展行政处罚案卷评查：

（一）实施行政处罚的主体是否合法；

（二）认定的事实是否清楚，证据是否确凿；

（三）适用法律依据是否准确；

（四）程序是否合法；

（五）自由裁量权运用是否适当；

（六）涉嫌犯罪的案件是否移送司法机关；

（七）案卷的制作、管理是否规范；

（八）需要评查的其他事项。

市场监督管理部门主要针对下列事项开展行政许可案卷评查：

（一）实施行政许可的主体是否合法；

（二）行政许可项目是否有法律、法规、规章依据；

（三）申请材料是否齐全、是否符合法定形式；

（四）实质审查是否符合法定要求；

（五）适用法律依据是否准确；

（六）程序是否合法；

（七）案卷的制作、管理是否规范；

（八）需要评查的其他事项。

市场监督管理部门对其他行政执法案卷的评查事项，参照前款规定执行。

第十二条 市场监督管理部门应当根据法治政府建设的部署和要求，对本级和下级市场监督管理部门法治建设情况进行评价。

法治市场监督管理建设评价办法、指标体系和评分标准由国家市场监督管理总局另行制定。

第十三条 市场监督管理部门在开展执法监督时，可以采取下列措施：

（一）查阅、复制、调取行政执法案卷和其他有关材料；

（二）询问行政执法人员、行政相对人和其他相关人员；

（三）召开座谈会、论证会，开展问卷调查，组织第三方评估；

（四）现场检查、网上检查、查看执法业务管理系统；

（五）走访、回访、暗访；

（六）依法可以采取的其他措施。

第十四条 下级市场监督管理部门应当及时向上级市场监督管理部门报送开展执法监督工作的情况及相关数据。

上级市场监督管理部门可以根据工作需要，要求下级市场监督管理部门报送开展执法监督工作的情况及相关数据。

各级市场监督管理部门应当加强执法监督的信息化建设，实现执法监督信息的互通和共享。

第十五条 市场监督管理部门应当对开展执法监督的情况及时进行汇总、分析。相关执法监督情况经本级市场监督管理部门负责人批准后，可以在适当范围内通报。

第十六条 上级市场监督管理部门在执法监督工作中发现下级市场监督管理部门在履行法定执法职责中存在突出问题的，经本级市场监督管理部门负责人批准，可以约谈下级市场监督管理部门负责人。

第十七条 市场监督管理部门发现本部门所属机构、派出机构和执法人员存在不履行、违法履行或者不当履行法定职责情形的，应当及时予以纠正。

第十八条 上级市场监督管理部门发现下级市场监督管理部门及其执法人员可能存在不履行、违法履行或者不当履行法定职责情形的，经本级市场监督管理部门负责人批准，可以发出执法监督通知书，要求提供相关材料或者情况说明。

下级市场监督管理部门收到执法监督通知书后，应当于十个工作日内提供相关材料或者情况说明。

第十九条 上级市场监督管理部门发出执法监督通知书后，经过调查核实，认为下级市场监督管理部门及其执法人员存在不履行、违法履行或者不当履行法定职责情形的，经本级市场监督管理部门负责人批准，可以发出执法监督决定书，要求下级市场监督管理部门限期纠正；必要时可以直接纠正。

下级市场监督管理部门应当在执法监督决定书规定的期限内纠正相关行为，并于纠正后十个工作日内向上级市场监督管理部门报告纠正情况。

第二十条 下级市场监督管理部门对执法监督决定有异议的，可以在五个工作日内申请复查，上级市场监督管理部门应当自收到申请之日起十个工作日内予以复查并答复。

第二十一条 上级市场监督管理部门发现下级市场监督管理部门行政执法工作中存在普遍性问题或者区域性风险，经本级市场监督管理部门负责人批准，可以向下级市场监督管理部门发出执法监督意见书，提出完善制度或者改进工作的要求。

下级市场监督管理部门应当在规定期限内将有关情况报告上级市场监督管理部门。

第二十二条 下级市场监督管理部门不执行执法监督通知书、决定书或者意见书的，上级市场监督管理部门可以责令改正、通报批评，并可以建议有权机关对负有责任的主管人员和相关责任人员予以批评教育、调离执法岗位或者处分。

第二十三条 市场监督管理部门在执法监督中，发现存在不履行、违法履行或者不当履行法定职责情形需要追责问责的，应当根据有关规定处理。

第二十四条 市场监督管理部门应当建立执法容错机制，明确履职标准，完善尽职免责办法。

第二十五条 药品监督管理部门和知识产权行政部门实施执法监督，适用本规定。

第二十六条 本规定自2020年4月1日起施行。2004年1月18日原国家质量监督检验检疫总局令第59号公布的《质量监督检验检疫行政执法监督与行政执法过错责任追究办法》和2015年9月15日原国家工商行政管理总局令第78号公布的《工商行政管理机关执法监督规定》同时废止。

解读——

《市场监督管理执法监督暂行规定》

刘红亮*

2019年12月，国家市场监管总局（以下简称市场监管总局）第22号令公布了《市场监督管理执法监督暂行规定》（以下简称《规定》）。《规定》对执法监督全过程作出系统详实的规定，对于推动执法监督工作制度化、规范化，督促市场监督管理部门依法履行职责、规范行政执法行为、保护行政相对人合法权益具有重要意义。

* 国家市场监管总局法规司司长。

一、起草背景

市场监管总局成立以来，始终坚持在法治的轨道上推进市场监管各项工作。《中共中央关于全面推进依法治国若干重大问题的决定》《法治政府建设实施纲要（2015－2020年）》《法治政府建设与责任落实督察工作规定》等法治建设的重要文件均对强化执法监督提出了要求。市场监督管理部门执行的法律法规规章数量多、涉及面广、社会影响大，一旦出现不履行、违法履行或者不当履行法定职责的情形，既损害行政相对人的合法权益，又损害市场监督管理部门的执法权威。为落实党中央、国务院要求，规范市场监管执法行为，迫切需要出台一部统一的执法监督规定。

《规定》列入了2019年市场监管总局立法工作计划。2019年5月，在研究吸收《工商行政管理机关执法监督规定》《质量监督检验检疫行政执法监督与行政执法过错责任追究办法》，并借鉴地方执法监督相关规定的基础上，市场监管总局法规司起草了《规定》初稿，及时征求了地方市场监管部门意见，并3次征求总局各司局、国家药品监督管理局、国家知识产权局意见。2019年9月向社会公开征求意见。10月，召开立法座谈会，听取21个省级、副省级市场监管部门法制机构对《规定》的意见建议。认真研究、吸收采纳合理意见42条，在对争议焦点问题充分论证的基础上，进行修改完善，形成《规定》草案，于12月16日经市场监管总局2019年第17次局务会议审议通过。

二、起草思路

（一）坚持原则方向和突出重点

《规定》一方面通过规定执法监督的立法目的、概念定义、监督原则，明确执法监督的原则方向。另一方面，《规定》主体内容围绕执法监督的方式展开，既保持规章内容完备又突出重点。对已有明确规定的，如公平竞争审查、行政处罚案件审核和听证等内容不再赘述；对尚未有明确规定的，如专项执法检查、执法评议考核等内容作出详细规定。

（二）统筹改革、传承和融合的关系

在适应改革方面，贯彻落实党中央、国务院对市场监管事业提出的新要求，加入公平竞争审查、“三项制度”等内容。在传承方面，《规定》吸收原工商和原质监关于执法监督的部分规定，将多年来经实践证明行之有效的内容予以保留。在融合方面，既考虑不同条线和各部门之间开展执法监督的特点，又结合机构整合后市场监管部门职能融合的需求，坚持执法监督的原则方向又保留一定弹性。

（三）突出针对性和可操作性

不同于过去，《规定》明确了在执法监督后的监督部门可采取的措施，针对不同情形，规定了三种文书。针对层级监督和同级监督进行区分，规定了不同的后处理手段。在可操作性方面，规定了文书的执行程序和被监督部门的异议权利和程序。

三、主要内容

（一）区分层级监督和同级监督及其后处理措施

关于层级监督，是指上级市场监督管理部门对下级市场监督管理部门所属机构、派出机构和执法人员的行政执法及其相关行为进行的执法监督活动。上级市场监督管理部门通过监督下级市场监督管理部门发现问题的，经批准，可以在适当范围内予以通报，也可以约谈下级市场监督管理部门负责人，或者发出执法监督通知书，下级市场监督管理部门收到执法监督通知书后，应当于十个工作日内提供相关材料或者情况说明。经过调查核实属实的，经批准，可以发出执法监督决定书，要求下级市场监督管理部门限期纠正，并于纠正后十个工作日内向上级市场监督管理部门报告纠正情况；必要时，上级市场监督管理部门可以直接纠正。下级市场监督管理部门对执法监督决定存在异议的，可以在五个工作日内申请复查，上级市场监督管理部门应当自收到申请之日起十个工作日内予以复查并答复。

开展层级监督时，上级市场监督管理部门还可以向下级市场监督管理部门发出执法监督意见书，提出完善制度或者改进工作的要求；下级市场监督管理部门应当在规定期限内将有关情况报告上级市场监督管理部门。

与层级监督相对应，同级监督是指各级市场监督管理部门对本部门所属机构、派出机构和执法人员的行政执法及其相关行为进行的执法监督活动。开展同级监督的市场监督管理部门在发现存在相关问题时可采取通报、纠正两种处理措施。

关于层级监督和同级监督的责任落实方面，《规定》明确了相关的纠错机制。下级市场监督管理部门不执行执法监督通知书、决定书或者意见书时，上级市场监督管理部门可以责令改正、通报批评，并可以建议有权机关对负有责任的主管人员和相关责任人员予以批评教育、调离执法岗位或者处分。同时，不论层级监督还是同级监督，市场监管部门发现存在不履行、违法履行或者不当履行法定职责情形需要追责问责的，都应当根据有关规定处理。

（二）完善细化执法监督内容和方式

《规定》在坚持传承与改革的前提下，确立了9项执法监督内容和10种执法监督方式，监督内容与方式之间相互对应。执法监督的内容体现市场监督管理执法的重点领域和关键环节，基本涵盖市场监督管理的各类行政执法及其相关行为，大体可划分为抽象行政行为、具体行政行为和与行政执法有关的三类行为。与过去相比，《规定》增加了依法履行市场监督管理执法职责情况、公平竞争审查情况和行政执法公示、执法全过程记录、重大执法决定法制审核制度实施情况。

第一，将依法履行市场监督管理执法职责情况作为执法监督的内容之一，是综合考虑不同条线执法存在差异性而作出的原则性规定。对履行市场监督管理执法职责情况开展监督，符合《规定》督促市场监督管理部门依法履行职责这一立法目的的要求。

第二，按照《国务院关于在市场体系建设中建立公平竞争审查制度的意见》（国发〔2016〕34号）和《公平竞争审查制度实施细则（暂行）》要求，将公平竞争审查情况新增为执法监督的内容之一，进一步推动各级市场监督管理部门履行好公平竞争审查职责，规范出台的规章、规范性文件和政策措施。

第三，贯彻落实党中央、国务院相关决策部署，将“三项制度”实施情况纳入执法监督的内容，充分发挥“三项制度”对促进严格规范公正文明执法的基础性、整体性、突破性作用。

第四，与执法监督内容相适应的，《规定》将执法监督方式确定为10种：一是针对抽象行政行为，采取行政规范性文件合法性审核、公平竞争审查等监督方式；二是针对具体行政行为，采用行政处罚的审核、听证、行政复议等监督方式；三是明确列举了实践中行之有效的其他监督方式，如专项执法检查、执法评议考核、执法案卷评查、法治建设评价等。新增了公平竞争审查和重大执法决定法制审核作为执法监督的方式，与执法监督的内容相适应。

第五，与过去相比，《规定》增加重要执法制度的实施情况，上级机关和有关部门交办、转办、移送的执法事项，社会公众反映强烈的执法事项作为专项执法检查的内容，扩大了检查的覆盖面，提高了检查的灵活性；并强调市场监督管理部门对专项执法检查的统筹安排，统一制定专项执法检查计划，合理确定专项执法检查事项。同时，《规定》还进一步明确了执法评议考核的事项内容，指出要加强评议考核结果的运用，落实评议考核奖惩措施。在案卷评查方面，《规定》基本延续了关于行政处罚和许可案卷评查的评查事项，并规定其他行政执法案卷的评查事项可参照前款规定执行。与建设法治政府相呼应的，《规定》将法治建设评价作为执法监督的方式之一，规定法治市场监督管理建设评价办法、指标体系和评分标准由国家市场监督管理总局另行制定。

（三）明确执法监督的职责分工及相关措施

《规定》明确了执法监督的职责分工。各级市场监督管理部门内设的各业务机构根据职责分工和相关规定，负责实施本业务领域的执法监督工作；法制机构在本级市场监督管理部门领导下，具体负责组织、协调、指导和实施执法监督工作。就总局而言，总局各有关业务司局根据职责分工和相关规定负责实施本业务领域的执法监督工作，法规司负责组织、协调、指导和实施执法监督工作。在不同机构可采取的执法监督方式上，专项执法检查、执法评议考核、执法案卷评查是市场监督管理部门内设的各业务机构和法制机构可单独或者共同实施的，法治建设评价则由法制机构实施。

执法监督工作是全局性的工作，各相关机构应当按照分工协作的原则各司其职。《规定》提出各级市场监督管理部门应当加强对执法监督工作的领导，建立健全执法监督工作机制，统筹解决执法监督工作中的重大问题。这样规定一方面是将执法监督工作规范化、日常化，另一方面则是要求各地建立健全执法监督工作协调机制，有效解决执法监督工作的相关争议。

《规定》将执法监督的措施统一归集至一条，在执法监督各个方式的条款中不再单独作出规定，便于执法监督人员根据监督工作实际需要采取相应的措施。在吸收原工商和原质监规定措施的基础上，《规定》参照中共中央办公厅、国务院办公厅《法治政府建设与责任落实督察工作规定》的内容，增加第三方评估、走访等作为执法监督措施。同时，根据起草过程中征求汇总的各项意见建议，新增网上检查、查看执法业务管理系统等执法监督的措施。

（四）加强执法监督的信息化建设

《规定》延续执法监督工作报送制度，对开展执法监督工作的相关数据也提出了报送要求。根据《国务院办公厅关于全面推行行政执法公示制度执法全过程记录制度重大执法决定法制审核制度的指导意见》关于推进信息共享的要求，为尽快与司法部主建的全国行政执法监督平台对接，做到数据的互通互联，《规定》明确各级市场监督管理部门应当加强执法监督的信息化建设，实现执法监督信息的互通和共享。

（五）关于尽职免责规定

《中共中央办公厅关于进一步激励广大干部新时代新担当新作为的意见》《国务院关于加强和规范事中事后监管的指导意见》《中央全面依法治国委员会办公室关于开展法治政府建设全面督察的通知》都明确要求建立健全容错机制，宽容干部工作中出现的失误错误，做到“三个区分开来”。在《规定》征求意见阶段，基层市场监管部门关于增加尽职免责规定、明确履职评判界限的意见较为集中。为落实党中央、国务院要求，回应基层执法人员关切，《规定》在第二十四条明确市场监督管理部门应当建立执法容错机制，明确履职标准，完善尽职免责办法。

网络信息内容生态治理规定

2019年12月15日　　　　国家互联网信息办公室令第5号

第一章　总　则

第一条　为了营造良好网络生态，保障公民、法人和其他组织的合法权益，维护国家安全和公共利益，根据《中华人民共和国国家安全法》《中华人民共和国网络安全法》《互联网信息服务管理办法》等法律、行政法规，制定本规定。

第二条　中华人民共和国境内的网络信息内容生态治理活动，适用本规定。

本规定所称网络信息内容生态治理，是指政府、企业、社会、网民等主体，以培育和践行社会主义核心价值观为根本，以网络信息内容为主要治理对象，以建立健全网络综合治理体系、营造清朗的网络空间、建设良好的网络生态为目标，开展的弘扬正能量、处置违法和不良信息等相关活动。

第三条　国家网信部门负责统筹协调全国网络信息内容生态治理和相关监督管理工作，各有关主管部门依据各自职责做好网络信息内容生态治理工作。

地方网信部门负责统筹协调本行政区域内网络信息内容生态治理和相关监督管理工作，地方各有关主管部门依据各自职责做好本行政区域内网络信息内容生态治理工作。

第二章 网络信息内容生产者

第四条 网络信息内容生产者应当遵守法律法规，遵循公序良俗，不得损害国家利益、公共利益和他人合法权益。

第五条 鼓励网络信息内容生产者制作、复制、发布含有下列内容的信息：

（一）宣传习近平新时代中国特色社会主义思想，全面准确生动解读中国特色社会主义道路、理论、制度、文化的；

（二）宣传党的理论路线方针政策和中央重大决策部署的；

（三）展示经济社会发展亮点，反映人民群众伟大奋斗和火热生活的；

（四）弘扬社会主义核心价值观，宣传优秀道德文化和时代精神，充分展现中华民族昂扬向上精神风貌的；

（五）有效回应社会关切，解疑释惑，析事明理，有助于引导群众形成共识的；

（六）有助于提高中华文化国际影响力，向世界展现真实立体全面的中国的；

（七）其他讲品味讲格调讲责任、讴歌真善美、促进团结稳定等的内容。

第六条 网络信息内容生产者不得制作、复制、发布含有下列内容的违法信息：

（一）反对宪法所确定的基本原则的；

（二）危害国家安全，泄露国家秘密，颠覆国家政权，破坏国家统一的；

（三）损害国家荣誉和利益的；

（四）歪曲、丑化、亵渎、否定英雄烈士事迹和精神，以侮辱、诽谤或者其他方式侵害英雄烈士的姓名、肖像、名誉、荣誉的；

（五）宣扬恐怖主义、极端主义或者煽动实施恐怖活动、极端主义活动的；

（六）煽动民族仇恨、民族歧视，破坏民族团结的；

（七）破坏国家宗教政策，宣扬邪教和封建迷信的；

（八）散布谣言，扰乱经济秩序和社会秩序的；

（九）散布淫秽、色情、赌博、暴力、凶杀、恐怖或者教唆犯罪的；

（十）侮辱或者诽谤他人，侵害他人名誉、隐私和其他合法权益的；

（十一）法律、行政法规禁止的其他内容。

第七条 网络信息内容生产者应当采取措施，防范和抵制制作、复制、发布含有下列内容的不良信息：

（一）使用夸张标题，内容与标题严重不符的；

（二）炒作绯闻、丑闻、劣迹等的；

（三）不当评述自然灾害、重大事故等灾难的；

（四）带有性暗示、性挑逗等易使人产生性联想的；

（五）展现血腥、惊悚、残忍等致人身心不适的；

（六）煽动人群歧视、地域歧视等的；

（七）宣扬低俗、庸俗、媚俗内容的；

（八）可能引发未成年人模仿不安全行为和违反社会公德行为、诱导未成年人不良嗜好等的；

（九）其他对网络生态造成不良影响的内容。

第三章　网络信息内容服务平台

第八条 网络信息内容服务平台应当履行信息内容管理主体责任，加强本平台网络信息内容生态治理，培育积极健康、向上向善的网络文化。

第九条 网络信息内容服务平台应当建立网络信息内容生态治理机制，制定本平台网络信息内容生态治理细则，健全用户注册、账号管理、信息发布审核、跟帖评论审核、版面页面生态管理、实时巡查、应急处置和网络谣言、黑色产业链信息处置等制度。

网络信息内容服务平台应当设立网络信息内容生态治理负责人，配备与业务范围和服务规模相适应的专业人员，加强培训考核，提升从业人员素质。

第十条 网络信息内容服务平台不得传播本规定第六条规定的信息，应当防范和抵制传播本规定第七条规定的信息。

网络信息内容服务平台应当加强信息内容的管理，发现本规定第六条、第七条规定的信息的，应当依法立即采取处置措施，保存有关记录，并向有关主管部门报告。

第十一条 鼓励网络信息内容服务平台坚持主流价值导向，优化信息推荐机制，加强版面页面生态管理，在下列重点环节（包括服务类型、位置版块等）积极呈现本规定第五条规定的信息：

（一）互联网新闻信息服务首页首屏、弹窗和重要新闻信息内容页面等；

（二）互联网用户公众账号信息服务精选、热搜等；

（三）博客、微博客信息服务热门推荐、榜单类、弹窗及基于地理位置的信息服务版块等；

（四）互联网信息搜索服务热搜词、热搜图及默认搜索等；

（五）互联网论坛社区服务首页首屏、榜单类、弹窗等；

（六）互联网音视频服务首页首屏、发现、精选、榜单类、弹窗等；

（七）互联网网址导航服务、浏览器服务、输入法服务首页首屏、榜单类、皮肤、联想词、弹窗等；

（八）数字阅读、网络游戏、网络动漫服务首页首屏、精选、榜单类、弹窗等；

（九）生活服务、知识服务平台首页首屏、热门推荐、弹窗等；

（十）电子商务平台首页首屏、推荐区等；

（十一）移动应用商店、移动智能终端预置应用软件和内置信息内容服务首屏、推荐区等；

（十二）专门以未成年人为服务对象的网络信息内容专栏、专区和产品等；

（十三）其他处于产品或者服务醒目位置、易引起网络信息内容服务使用者关注的重点环节。

网络信息内容服务平台不得在以上重点环节呈现本规定第七条规定的

信息。

第十二条　网络信息内容服务平台采用个性化算法推荐技术推送信息的，应当设置符合本规定第十条、第十一条规定要求的推荐模型，建立健全人工干预和用户自主选择机制。

第十三条　鼓励网络信息内容服务平台开发适合未成年人使用的模式，提供适合未成年人使用的网络产品和服务，便利未成年人获取有益身心健康的信息。

第十四条　网络信息内容服务平台应当加强对本平台设置的广告位和在本平台展示的广告内容的审核巡查，对发布违法广告的，应当依法予以处理。

第十五条　网络信息内容服务平台应当制定并公开管理规则和平台公约，完善用户协议，明确用户相关权利义务，并依法依约履行相应管理职责。

网络信息内容服务平台应当建立用户账号信用管理制度，根据用户账号的信用情况提供相应服务。

第十六条　网络信息内容服务平台应当在显著位置设置便捷的投诉举报入口，公布投诉举报方式，及时受理处置公众投诉举报并反馈处理结果。

第十七条　网络信息内容服务平台应当编制网络信息内容生态治理工作年度报告，年度报告应当包括网络信息内容生态治理工作情况、网络信息内容生态治理负责人履职情况、社会评价情况等内容。

第四章　网络信息内容服务使用者

第十八条　网络信息内容服务使用者应当文明健康使用网络，按照法律法规的要求和用户协议约定，切实履行相应义务，在以发帖、回复、留言、弹幕等形式参与网络活动时，文明互动，理性表达，不得发布本规定第六条规定的信息，防范和抵制本规定第七条规定的信息。

第十九条　网络群组、论坛社区版块建立者和管理者应当履行群组、版块管理责任，依据法律法规、用户协议和平台公约等，规范群组、版块内信息发布等行为。

第二十条 鼓励网络信息内容服务使用者积极参与网络信息内容生态治理，通过投诉、举报等方式对网上违法和不良信息进行监督，共同维护良好网络生态。

第二十一条 网络信息内容服务使用者和网络信息内容生产者、网络信息内容服务平台不得利用网络和相关信息技术实施侮辱、诽谤、威胁、散布谣言以及侵犯他人隐私等违法行为，损害他人合法权益。

第二十二条 网络信息内容服务使用者和网络信息内容生产者、网络信息内容服务平台不得通过发布、删除信息以及其他干预信息呈现的手段侵害他人合法权益或者谋取非法利益。

第二十三条 网络信息内容服务使用者和网络信息内容生产者、网络信息内容服务平台不得利用深度学习、虚拟现实等新技术新应用从事法律、行政法规禁止的活动。

第二十四条 网络信息内容服务使用者和网络信息内容生产者、网络信息内容服务平台不得通过人工方式或者技术手段实施流量造假、流量劫持以及虚假注册账号、非法交易账号、操纵用户账号等行为，破坏网络生态秩序。

第二十五条 网络信息内容服务使用者和网络信息内容生产者、网络信息内容服务平台不得利用党旗、党徽、国旗、国徽、国歌等代表党和国家形象的标识及内容，或者借国家重大活动、重大纪念日和国家机关及其工作人员名义等，违法违规开展网络商业营销活动。

第五章 网络行业组织

第二十六条 鼓励行业组织发挥服务指导和桥梁纽带作用，引导会员单位增强社会责任感，唱响主旋律，弘扬正能量，反对违法信息，防范和抵制不良信息。

第二十七条 鼓励行业组织建立完善行业自律机制，制定网络信息内容生态治理行业规范和自律公约，建立内容审核标准细则，指导会员单位建立健全服务规范、依法提供网络信息内容服务、接受社会监督。

第二十八条 鼓励行业组织开展网络信息内容生态治理教育培训和宣传引导工作，提升会员单位、从业人员治理能力，增强全社会共同参与网络信息内容生态治理意识。

第二十九条 鼓励行业组织推动行业信用评价体系建设，依据章程建立行业评议等评价奖惩机制，加大对会员单位的激励和惩戒力度，强化会员单位的守信意识。

第六章 监督管理

第三十条 各级网信部门会同有关主管部门，建立健全信息共享、会商通报、联合执法、案件督办、信息公开等工作机制，协同开展网络信息内容生态治理工作。

第三十一条 各级网信部门对网络信息内容服务平台履行信息内容管理主体责任情况开展监督检查，对存在问题的平台开展专项督查。

网络信息内容服务平台对网信部门和有关主管部门依法实施的监督检查，应当予以配合。

第三十二条 各级网信部门建立网络信息内容服务平台违法违规行为台账管理制度，并依法依规进行相应处理。

第三十三条 各级网信部门建立政府、企业、社会、网民等主体共同参与的监督评价机制，定期对本行政区域内网络信息内容服务平台生态治理情况进行评估。

第七章 法律责任

第三十四条 网络信息内容生产者违反本规定第六条规定的，网络信息内容服务平台应当依法依约采取警示整改、限制功能、暂停更新、关闭账号等处置措施，及时消除违法信息内容，保存记录并向有关主管部门报告。

第三十五条 网络信息内容服务平台违反本规定第十条、第三十一条第二款规定的，由网信等有关主管部门依据职责，按照《中华人民共和国网络安全法》《互联网信息服务管理办法》等法律、行政法规的规定予以处理。

第三十六条 网络信息内容服务平台违反本规定第十一条第二款规定的，由设区的市级以上网信部门依据职责进行约谈，给予警告，责令限期改正；拒不改正或者情节严重的，责令暂停信息更新，按照有关法律、行政法规的规定予以处理。

第三十七条 网络信息内容服务平台违反本规定第九条、第十二条、第十五条、第十六条、第十七条规定的，由设区的市级以上网信部门依据职责进行约谈，给予警告，责令限期改正；拒不改正或者情节严重的，责令暂停信息更新，按照有关法律、行政法规的规定予以处理。

第三十八条 违反本规定第十四条、第十八条、第十九条、第二十一条、第二十二条、第二十三条、第二十四条、第二十五条规定的，由网信等有关主管部门依据职责，按照有关法律、行政法规的规定予以处理。

第三十九条 网信部门根据法律、行政法规和国家有关规定，会同有关主管部门建立健全网络信息内容服务严重失信联合惩戒机制，对严重违反本规定的网络信息内容服务平台、网络信息内容生产者和网络信息内容使用者依法依规实施限制从事网络信息服务、网上行为限制、行业禁入等惩戒措施。

第四十条 违反本规定，给他人造成损害的，依法承担民事责任；构成犯罪的，依法追究刑事责任；尚不构成犯罪的，由有关主管部门依照有关法律、行政法规的规定予以处罚。

第八章　附　则

第四十一条 本规定所称网络信息内容生产者，是指制作、复制、发布网络信息内容的组织或者个人。

本规定所称网络信息内容服务平台，是指提供网络信息内容传播服务的网络信息服务提供者。

本规定所称网络信息内容服务使用者，是指使用网络信息内容服务的组织或者个人。

第四十二条 本规定自2020年3月1日起施行。

国家网信办有关负责人就《网络信息内容生态治理规定》答记者问

国家互联网信息办公室近日发布《网络信息内容生态治理规定》（以下简称《网络生态规定》）。《网络生态规定》的出台有什么背景？对网络信息内容生产者、网络信息内容服务使用者和平台分别作出哪些规定？国家网信办有关负责人就有关问题回答了记者提问。

问：请介绍一下《网络生态规定》出台的背景。

答：出台《网络生态规定》主要基于两个方面的考虑。一是建立健全网络综合治理体系的需要。党的十九届四中全会决定提出，建立健全网络综合治理体系，加强和创新互联网内容建设，落实互联网企业信息管理主体责任，全面提高网络治理能力，营造清朗的网络空间。加强网络生态治理，培育积极健康、向上向善的网络文化，有利于建立健全网络综合治理体系。

二是维护广大网民切身利益的需要。网络空间天朗气清、生态良好，符合人民利益。网络空间乌烟瘴气、生态恶化，不符合人民利益。网络信息内容生态治理需要政府、企业、社会、网民等多方主体参与，共同构建良好的网络生态。制定实施《网络生态规定》，有利于进一步明确治理任务，动员全社会共同参与网络信息内容生态治理，营造良好网络生态。

问：《网络生态规定》明确了网络信息内容生产者的哪些要求？

答：《网络生态规定》明确了正能量信息、违法信息和不良信息的具体范围。鼓励网络信息内容生产者制作、复制、发布含有正能量内容的信息。明确网络信息内容生产者应当遵守法律法规，遵循公序良俗，不得损害国家利益、公共利益和他人合法权益，不得制作、复制、发布违法信息；应当采取措施，防范和抵制制作、复制、发布不良信息。

问：为了使网络信息内容服务平台更好履行信息内容管理主体责任，《网络生态规定》提出了哪些要求？

答：《网络生态规定》明确，网络信息内容服务平台应当履行信息内容管理主体责任，建立网络信息内容生态治理机制。明确了平台运行环节管理要求，包括建立健全算法推荐的人工干预和用户自主选择机制、广告管理制度、平台公约和用户协议制度、举报制度、年度报告制度等。明确了平台的信息安全管理义务，包括不得传播违法信息，应当防范和抵制传播不良信息，鼓励在重点环节传播正能量信息，不得在重点环节呈现不良信息等。

问：《网络生态规定》对网络信息内容服务使用者作出了哪些要求？

答：《网络生态规定》明确，网络信息内容服务使用者发布信息和参与网络活动时应当文明互动，理性表达，不得发布违法信息，防范和抵制不良信息。鼓励通过投诉、举报等方式对网上违法和不良信息进行监督。明确网络群组、论坛社区版块的建立者和管理者应当履行管理责任，依法依约规范群组、版块内信息发布等行为。明确网络信息内容服务使用者和生产者、平台不得开展网络暴力、人肉搜索、深度伪造、流量造假、操纵账号等违法活动。

问：对违反《网络生态规定》要求的网络信息内容生产者、网络信息内容服务平台、网络信息内容服务使用者，明确了哪些法律责任？

答：《网络生态规定》明确了网络信息内容生产者、网络信息内容服务平台、网络信息内容服务使用者的法律责任，同时完善了民事、行政和刑事法律责任相衔接的体系化规定。违反《网络生态规定》，给他人造成损害的，依法承担民事责任；构成犯罪的，依法追究刑事责任；尚不构成犯罪的，由有关主管部门依照有关法律、行政法规的规定予以处罚。

住房和城乡建设部　国家发展改革委　公安部
市场监管总局　银保监会　国家网信办

关于整顿规范住房租赁市场秩序的意见

2019年12月13日　　　　建房规〔2019〕10号

各省、自治区、直辖市及新疆生产建设兵团住房和城乡建设厅（住房和城乡建设委、住房和城乡建设管委、住房和城乡建设局）、发展改革委、公安厅(局)、市场监管局（厅、委)、银保监局、网信办：

租赁住房是解决进城务工人员、新就业大学生等新市民住房问题的重要途径。近年来，我国住房租赁市场快速发展，为解决新市民住房问题发挥了重要作用。但住房租赁市场秩序混乱，房地产经纪机构、住房租赁企业和网络信息平台发布虚假房源信息、恶意克扣押金租金、违规使用住房租金贷款、强制驱逐承租人等违法违规问题突出，侵害租房群众合法权益，影响社会和谐稳定。按照党中央对“不忘初心、牢记使命”主题教育的总体要求、中央纪委国家监委关于专项整治漠视侵害群众利益问题的统一部署，2019年6月以来，在全国范围内开展整治住房租赁中介机构乱象工作，并取得了初步成效。为巩固专项整治成果，将整治工作制度化、常态化，现提出以下意见。

一、严格登记备案管理

从事住房租赁活动的房地产经纪机构、住房租赁企业和网络信息平台，以及转租住房10套（间）以上的单位或个人，应当依法办理市场主体登记。从事住房租赁经纪服务的机构经营范围应当注明“房地产经纪”，从事住房租赁经营的企业经营范围应当注明“住房租赁”。住房和城乡建设、市场监管部门要加强协作，及时通过相关政务信息共享交换平台共享登记注册信息。房地产经纪机构开展业务前，应当向所在直辖市、市、县住房和城乡建设部门备案。住房租赁企业开展业务前，通过住房租赁管理服务平台向所在城市住房和城乡建设部门推送开业信息。直辖市、市、县住房和城乡建设部门应当通过门户网站等渠道公开已备案或者开业报告的房地产经纪机构、住房租赁企业及其从业人员名单并实时更新。

二、真实发布房源信息

已备案的房地产经纪机构和已开业报告的住房租赁企业及从业人员对外发布房源信息的，应当对房源信息真实性、有效性负责。所发布的房源信息应当实名并注明所在机构及门店信息，并应当包含房源位置、用途、面积、图片、价格等内容，满足真实委托、真实状况、真实价格的要求。同一机构的同一房源在同一网络信息平台仅可发布一次，在不同渠道发布的房源信息应当一致，已成交或撤销委托的房源信息应在 5 个工作日内从各种渠道上撤销。

三、落实网络平台责任

网络信息平台应当核验房源信息发布主体资格和房源必要信息。对机构及从业人员发布房源信息的，应当对机构身份和人员真实从业信息进行核验，不得允许不具备发布主体资格、被列入经营异常名录或严重违法失信名单等机构及从业人员发布房源信息。对房屋权利人自行发布房源信息的，应对发布者身份和房源真实性进行核验。对发布 10 套（间）以上转租房源信息的单位或个人，应当核实发布主体经营资格。网络信息平台要加快实现对同一房源信息合并展示，及时撤销超过 30 个工作日未维护的房源信息。住房和城乡建设、市场监管等部门要求网络信息平台提供有关住房租赁数据的，网络信息平台应当配合。

四、动态监管房源发布

对违规发布房源信息的机构及从业人员，住房和城乡建设、网信等部门应当要求发布主体和网络信息平台删除相关房源信息，网络信息平台应当限制或取消其发布权限。网络信息平台未履行核验发布主体和房源信息责任的，网信部门可根据住房和城乡建设等部门的意见，对其依法采取暂停相关业务、停业整顿等措施。网络信息平台发现违规发布房源信息的，应当立即处置并保存相关记录。住房和城乡建设部门应当建立机构及从业人员数据库，有条件的可建立房源核验基础数据库，通过提供数据接口、房源核验码等方式，向房地产经纪机构、住房租赁企业、网络信息平台提供核验服务。

五、规范住房租赁合同

经由房地产经纪机构、住房租赁企业成交的住房租赁合同，应当即时办理网签备案。网签备案应当使用住房和城乡建设、市场监管部门制定的住房租赁合同示范文本。尚未出台合同示范文本的城市，应当加快制定住房租赁合同示范文本。合同示范文本应当遵循公平原则确定双方权利义务。住房和城乡建设部门应当提供住房租赁管理服务平台数据接口，推进与相关企业业务系统联网，实现住房租赁合同即时网签备案。

六、规范租赁服务收费

房地产经纪机构、住房租赁企业应当实行明码标价。收费前应当出具收费清单，列明全部服务项目、收费标准、收费金额等内容，并由当事人签字确认。房地产经纪机构不得赚取住房出租差价，住房租赁合同期满承租人和出租人续约的，不得再次收取佣金。住房租赁合同期限届满时，除冲抵合同约定的费用外，剩余租金、押金等应当及时退还承租人。

七、保障租赁房屋安全

住房和城乡建设部门应当制定闲置商业办公用房、工业厂房等非住宅依法依规改造为租赁住房的政策。改造房屋用于租赁住房的，应当符合建筑、消防等方面的要求。住房租赁企业应当编制房屋使用说明书，告知承租人房屋及配套设施的使用方式，提示消防、用电、燃气等使用事项。住房租赁企业对出租房屋进行改造或者装修的，应当取得产权人书面同意，使用的材料和设备符合国家和地方标准，装修后空气质量应当符合国家有关标准，不得危及承租人安全和健康。

八、管控租赁金融业务

住房租赁企业可依据相关法律法规以应收帐款为质押申请银行贷款。金融监管部门应当加强住房租赁金融业务的监管。开展住房租金贷款业务，应当以经网签备案的住房租赁合同为依据，按照住房租赁合同期限、租金趸交期限与住房租金贷款期限相匹配的原则，贷款期限不得超过住房租赁合同期限，发放贷款的频率应与借款人支付租金的频率匹配。做好贷前调查，认真评估借款人的还款能力，确定融资额度。加强贷后管理，严格审查贷款用途，防止住房租赁企业形成资金池、加杠杆。住房租赁企业不得以隐瞒、欺骗、强迫等方式要求承租人使用住房租金消费贷款，不得以租金分期、租金优惠等名义诱导承租人使用住房租金消费贷款。住房和城乡建设部门应当通过提供数据接口等方式，向金融机构提供住房租赁合同网签备案信息查询服务。加强住房和城乡建设部门与金融监管部门有关住房租赁合同网签备案、住房租金贷款的信息共享。

九、加强租赁企业监管

住房和城乡建设等部门加强对采取“高进低出”（支付房屋权利人的租金高于收取承租人的租金）、“长收短付”（收取承租人租金周期长于给付房屋权利人租金周期）经营模式的住房租赁企业的监管，指导住房租赁企业在银行设立租赁资金监管账户，将租金、押金等纳入监管账户。住房租赁企业租金收入中，住房租金贷款金额占比不得超过30%，超过比例的应当于2022年底前调整到位。对不具备持续经营能力、扩张规模过快的住房租赁企业，可采取约谈告诫、暂停网签备案、发布风险提示、依法依规查处等方式，防范化解风险。涉及违规建立资金池等影响金融秩序的，各相关监管部门按照职责，加强日常监测和违法违规行为查处；涉及无照经营、实施价格违法行为、实施垄断协议和滥用市场支配地位行为的，由市场监管部门依法查处；涉及违反治安管理和犯罪的，由公安机关依法查处。

十、建设租赁服务平台

直辖市、省会城市、计划单列市以及其他租赁需求旺盛的城市应当于2020年底前建设完成住房租赁管理服务平台。平台应当具备机构备案和开业报告、房源核验、信息发布、网签备案等功能。建立房地产经纪机构、住房租赁企业及从业人员和租赁房源数据库，加强市场监测。逐步实现住房租赁管理服务平台与综合治理等系统对接。

十一、建立纠纷调处机制

房地产经纪机构、住房租赁企业、网络信息平台要建立投诉处理机制，对租赁纠纷承担首要调处职责。相关行业组织要积极受理住房租赁投诉，引导当事人妥善化解纠纷。住房和城乡建设等部门应当畅通投诉举报渠道，通过门户网站开设专栏，并加强与12345市长热线协同，及时调查处理投诉举报。各地要将住房租赁管理纳入社会综合治理的范围，实行住房租赁网格化管理，发挥街道、社区等基层组织作用，化解租赁矛盾纠纷。

十二、加强部门协同联动

城市政府对整顿规范住房租赁市场秩序负主体责任。住房和城乡建设、发展改革、公安、市场监管、金融监管、网信等部门要建立协同联动机制，定期分析研判租赁市场发展态势，推动部门信息共享，形成监管合力。按照职责分工，加大整治规范租赁市场工作力度。建立部、省、市联动机制，按年定期报送整顿规范住房租赁市场工作进展情况。

十三、强化行业自律管理

各地住房和城乡建设部门要充分发挥住房租赁、房地产经纪行业协会（学会）作用，支持行业协会（学会）制定执业规范、职业道德准则和争议处理规则，定期开展职业培训和继续教育，加强风险提示。房地产经纪机构、住房租赁企业及从业人员要自觉接受行业自律管理。

十四、发挥舆论引导作用

各地要充分运用网络、电视、报刊、新媒体等渠道，加强宣传报道，营造遵纪守法、诚信经营的市场环境。发挥正反典型的导向作用，及时总结推广经验，定期曝光典型案例，发布风险提示，营造住房租赁市场良好舆论环境。

规范住房租赁市场主体经营行为 维护住房租赁承租人合法权益

——解读《关于整顿规范住房租赁市场秩序的意见》

针对住房租赁市场存在的发布虚假房源信息、恶意克扣押金租金、违规使用住房租金贷款、强制驱逐承租人等问题，2019 年 12 月，住房和城乡建设部、国家发展改革委、公安部、市场监管总局、银保监会、国家网信办 6 部门印发《关于整顿规范住房租赁市场秩序的意见》（以下简称《意见》），规范住房租赁市场主体经营行为，保障住房租赁各方特别是承租人的合法权益。住房和城乡建设部房地产市场监管司和中国房地产估价师与房地产经纪人学会（以下简称中房学）有关负责人对《意见》进行了解读。

问：《意见》出台的背景是什么？

部房地产市场监管司有关负责人：近年来，在大力培育和发展住房租赁市场一系列政策措施的引导下，我国住房租赁市场快速发展，为解决进城务工人员、新就业大学生等新市民住房问题发挥了重要作用。但住房租赁市场同时存在众多侵害租房群众合法权益、影响社会和谐稳定违法违规行为。2019年6月以来，住房和城乡建设部等6部门按照党中央对“不忘初心、牢记使命”主题教育的总体要求、中央纪委国家监委关于专项整治漠视侵害群众利益问题的统一部署，在全国范围内开展整治住房租赁中介机构乱象工作，并取得了初步成效。为进一步巩固专项整治成果，住房和城乡建设部等6部门联合印发《意见》。《意见》突出问题导向，强化有效监管，将整顿规范住房租赁市场秩序的成果制度化、常态化。

问：下一步将如何做好《意见》的贯彻落实工作？

部房地产市场监管司有关负责人：下一步，我们要以专项整治和《意见》印发为契机，加大监管力度，持续整顿规范住房租赁市场秩序，同时加强制度建设，建立规范住房租赁市场秩序的长效机制，不断优化住房租赁市场环境，让群众租房更安心。

一是提高政治站位。各级住房和城乡建设部门要认真学习《意见》，深刻领会《意见》内容，把整治住房租赁中介机构乱象工作和贯彻落实《意见》作为重大政治任务，切实增强责任感、使命感。因为住房租赁事关城镇1.8亿租房群众，他们多数是外来务工人员和新就业大学毕业生等新市民群体。《意见》就是解决新市民群体最急、最忧、最盼的紧迫关切，就是以实际行动践行初心使命，让他们感受到主题教育实实在在成效的具体举措。各级住房和城乡建设部门要不折不扣落实《意见》提出的工作要求，真正把市场乱象整治好。

二是落实牵头责任。各级住房和城乡建设部门要继续发挥好牵头单位作用，继续协调发展改革、公安、市场、金融、网信等相关部门深度参与，共同贯彻落实《意见》中的各项政策举措。同时，要强化督促指导，省里要压实责任，市里要注重落实，把《意见》精神贯彻到区县，贯彻到“最后一公里”。

三是坚持标本兼治。各级住房和城乡建设部门既要治标，更要治本，把“当下改”与“长久立”结合起来，会同相关部门针对重点问题进行重点研究，把《意见》的贯彻落实与本地住房租赁市场存在的突出问题结合起来。同时，各级住房和城乡建设部门也要注意发挥行业自律的作用，由行业协会组织中介机构，公开承诺守法经营、诚信经营，接受社会公众和舆论监督，促进住房租赁市场健康发展。

问：《意见》着重解决住房租赁市场哪些突出问题？

中房学有关负责人：《意见》坚持问题导向，重点解决发布虚假房源信息、违规收费、恶意克扣押金租金、租赁合同不备案、威胁恐吓承租人、违规使用住房租金贷款6项违法违规行为。同时，对采取“高进低出”（支付房屋权利人的租金高于收取承租人的租金）、“长收短付”（收取承租人租金周期长于给付房屋权利人租金周期）、“租金贷”等经营模式的高风险住房租赁企业，提出了针对性的政策措施。

问：《意见》包括很多内容，其中创新性亮点有哪些？

中房学有关负责人：《意见》内容的创新性亮点很多，其中主要有：

一是住房租赁企业开业报告。目前从事住房租赁经营的企业从其名称甚至经营范围，基本上看不出是住房租赁企业，多数是科技公司的名称，不便于租房群众识别，也不便于监管。开业报告既不是企业资质审批，也不是备案，实际上是一种告知。

二是规定转租住房10套（间）以上的单位或个人应依法办理市场主体登记。目前各种各样的单位或个人从事住房租赁活动，特别是无照经营的二房东，数量较多、鱼龙混杂，长期以来游离于监管之外，像“几粒老鼠屎坏了一锅汤”那样，败坏了整个住房租赁行业声誉。

三是经由房地产经纪机构、住房租赁企业成交的住房租赁合同应即时办理网签备案。合同即时网签备案有助于解决未来可能发生的合同纠纷，并可以保障租购同权、房租抵扣个税、积分落户等政策的有效实施，为依法开展住房租金贷款业务提供依据，还可以及时掌握住房租赁市场动态发展变化。

四是建设住房租赁管理服务平台，该平台应具备机构备案和开业报告、房源核验、信息发布、合同网签备案等功能，并逐步实现该平台与综合治理等系统对接。

五是住房租赁企业应编制房屋使用说明书，告知承租人房屋及配套设施的使用方式，提示消防、用电、燃气等使用事项。住房租赁企业对出租房屋进行改造或装修的，装修后空气质量应符合国家有关标准，不得危及承租人安全和健康。

六是各地住房和城乡建设部门要充分发挥住房租赁、房地产经纪行业协会（学会）作用，房地产经纪机构、住房租赁企业及从业人员要自觉接受行业自律管理，强化行业自律管理。

问：关于当前住房租赁市场痛点难点，《意见》具体作出了哪些针对性规定？

中房学有关负责人：《意见》针对目前住房租赁市场的痛点难点，作出了许多具体有效的规定。

例如，针对目前较普遍存在的虚假房源信息问题，规定了保障租赁房源信息真实性、有效性的办法，包括：所发布的房源信息应实名并应满足真实委托、真实状况、真实价格（租金）的要求；同一机构的同一房源在同一网络信息平台仅可发布一次，在不同渠道发布的房源信息应一致，已成交或撤销委托的房源信息应在 5 个工作日内从各种渠道上撤销；网络信息平台应核验房源信息发布主体资格和房源必要信息；住房和城乡建设部门有条件的，可建立房源核验基础数据库，通过提供数据接口、房源核验码等方式，向房地产经纪机构、住房租赁企业、网络信息平台提供核验服务。

针对乱收费、押金难退、恶意克扣押金租金问题，《意见》作出了以下规定：一是收费之前应向承租人出具收费清单，并由承租人签字确认。如果承租人没有签字确认的，或者收费清单上没有列明的收费内容，不应向承租人收取。二是住房租赁合同期限届满时，除冲抵住房租赁合同明确约定的费用外，剩余的租金、押金等应及时退还承租人。住房租赁合同中没有明确约定的费用，不得扣除。三是承租人和出租人续约的，房地产经纪机构不得再次收取佣金。

针对住房租赁金融业务方面存在的突出问题，比如租金贷、资金池、加杠杆，某些住房租赁企业因这类问题而爆雷，《意见》提出了相应的解决办法：一是加强对“高进低出”“长收短付”经营模式住房租赁企业的监管，并将租金、押金等纳入监管账户；二是住房租赁企业租金收入中，住房租金贷款金额占比不得超过30%，超过比例的部分应于2022年年底之前逐步调整到位。

需要指出的是，某些“高进低出”的所谓住房租赁企业，实际上不是真正意义上的住房租赁企业，一开始可能就是打着住房租赁企业的旗号，借此行骗，应属于诈骗行为。

公安部

关于印发修订后的《公安机关办理政府信息公开行政复议案件若干问题的规定》的通知

2019年12月27日　　公通字〔2019〕35号

各省、自治区、直辖市公安厅、局，新疆生产建设兵团公安局：

为准确执行修订后的《中华人民共和国政府信息公开条例》，进一步规范公安机关政府信息公开行政复议工作，公安部对2016年印发的《公安机关办理政府信息公开行政复议案件若干问题的规定》进行了修订。现将修订后的规定印发给你们，请认真贯彻执行。

公安机关办理政府信息公开行政复议案件若干问题的规定

第一条 为规范公安机关办理政府信息公开行政复议案件，根据《中华人民共和国行政复议法》及其实施条例、《中华人民共和国政府信息公开条例》（以下简称条例）等有关法律、行政法规，制定本规定。

第二条 公民、法人和其他组织对公安机关依申请政府信息公开行为不服，或者认为公安机关主动公开政府信息损害其商业秘密、个人隐私等合法权益申请行政复议的，依法受理。

第三条 对下列事项不服申请行政复议的，不予受理：

（一）公安机关要求对政府信息公开申请内容作出补正；

（二）公安机关延长政府信息公开答复期限；

（三）公安机关要求对申请公开政府信息的数量、频次明显超过合理范围说明理由；

（四）以政府信息公开申请的形式进行信访、投诉、举报等活动，公安机关对该申请的处理；

（五）政府信息公开申请内容为要求提供政府公报、报刊、书籍等公开出版物，公安机关对该申请的处理；

（六）公安机关提供政府信息的具体形式；

（七）公安机关履行政府信息公开监督工作职责；

（八）向公安机关提出将政府信息纳入主动公开范围的建议，公安机关对该建议的处理。

对前款情形申请行政复议已经受理的，依照《中华人民共和国行政复议法实施条例》第四十八条第一款第二项的规定，驳回行政复议申请。

第四条 公民、法人或者其他组织认为公安机关未履行主动公开义务申请行政复议的，不予受理，并可以告知先申请获取相关政府信息。

第五条 申请人不服被申请人对政府信息公开申请所作处理的，行政复议应当全面审查政府信息公开申请的内容、被申请人所作处理的事实、证据和理由。重点审查下列事项：

（一）被申请人所作处理的方式、内容是否合法；

（二）被申请人所作处理的程序是否合法；

（三）对该申请是否有不予处理的法定事由。

第六条 申请人主张被申请人对政府信息公开申请未予处理的，行政复议重点审查下列事项：

（一）被申请人是否收到该申请；

（二）被申请人是否已经作出处理；

（三）对该申请是否有不予处理的法定事由。

第七条 申请公开的信息是否属于政府信息，重点审查该信息是否在履行行政管理职能过程中制作或者获取。

司法信息、党务信息不属于政府信息。司法信息包括公安机关在履行刑事诉讼职能，以及参与行政诉讼、民事诉讼过程中制作或者获取的信息。党务信息包括党组织制作或者获取的信息。

第八条 被申请人依照条例第十条、第三十六条第五项的规定，告知申请公开的政府信息不属于其负责公开的，重点审查下列事项：

（一）该信息是否被申请人制作或者从公民、法人和其他组织获取；

（二）被申请人是否说明不负责公开的理由；

（三）被申请人能否确定负责公开的行政机关，能够确定的是否告知该机关的名称、联系方式。

申请公开的政府信息与公安机关设立的派出机构、内设机构依照法律、法规对外以自己名义履行行政管理职能有关的，由收到申请的公安机关或者派出机构、内设机构负责公开。

申请公开的政府信息由公安机关与其他行政机关共同制作，公安机关不是牵头制作机关的，公安机关不负责公开。

申请公开的信息由公安机关与未承担政府信息公开法定职责的机关、组织共同制作的，由收到申请的公安机关负责答复。

第九条 被申请人依照条例第三十六条第四项的规定，告知申请公开的政府信息不存在的，重点审查下列事项：

（一）被申请人是否制作或者获取该信息；

（二）被申请人是否在合理范围内检索，检索能否获取该信息。

第十条 被申请人依照条例第三十六条第一项的规定，告知获取政府信息的方式、途径的，重点审查下列事项：

（一）该信息是否已经主动公开；

（二）被申请人告知获取信息的方式、途径是否准确。

第十一条 被申请人依照条例第三十六条第二项的规定，提供政府信息或者告知获取的方式、途径和时间的，重点审查下列事项：

（一）该信息是否可以公开；

（二）被申请人提供的信息是否准确。

第十二条 被申请人依照条例第十四条、第三十六条第三项的规定，告知申请公开的政府信息不予公开的，重点审查下列事项：

（一）该信息是否国家秘密且在保密期限内，或者法律、行政法规是否禁止公开，或者是否公开后可能危及国家安全、公共安全、经济安全、社会稳定；

（二）被申请人是否说明不予公开的理由。

第十三条 被申请人依照条例第十五条、第三十二条、第三十六条第三项的规定，告知申请公开的政府信息不予公开的，重点审查下列事项：

（一）该信息是否涉及商业秘密、个人隐私等公开会对第三方合法权益造成损害；

（二）被申请人是否书面征求了第三方的意见，第三方是否同意公开；

（三）第三方不同意公开是否有合理理由，不公开是否可能对公共利益造成重大影响；

（四）被申请人是否说明不予公开的理由。

被申请人以第三方逾期未提出意见为由不予公开的，还应当审查第三方是否收到被申请人的书面征求意见；不予公开是否符合条例规定。

第十四条 被申请人依照条例第十六条第一款、第三十六条第三项的规定，告知申请公开的政府信息不予公开的，重点审查下列事项：

（一）该信息是否属于人事管理、后勤管理、内部工作流程等内部事务信息；

（二）被申请人是否说明不予公开的理由。

第十五条 被申请人依照条例第十六条第二款、第三十六条第三项的规定，告知申请公开的政府信息不予公开的，重点审查下列事项：

（一）该信息是否属于在履职过程中形成的讨论记录、过程稿、磋商信函、请示报告等过程性信息，或者是否属于行政处罚、行政强制、行政检查、行政许可、行政确认等行政执法案卷信息；

（二）法律、法规、规章是否规定该信息应当公开；

（三）被申请人是否说明不予公开的理由。

第十六条 被申请人依照条例第三十六条第七项的规定，告知对申请公开的政府信息依照有关规定办理的，重点审查法律、行政法规对该信息的获取是否有特别规定。

信访事项信息、档案信息、行政复议信息等属于前款规定的信息。

第十七条 被申请人依照条例第三十七条的规定，对申请公开的信息作区分处理的，重点审查下列事项：

（一）该信息中是否含有不应当公开或者不属于政府信息的内容；

（二）被申请人提供的信息是否可以公开且内容准确；

（三）被申请人对不予公开内容是否说明理由。

第十八条 被申请人依照条例第三十八条的规定，告知不予提供信息的，重点审查提供信息是否需要对现有政府信息进行加工、分析。

加工、分析包括对现有政府信息进行统计、汇总；制作或者获取新的政府信息；对执法依据、法律政策、性质认定、工作情况等事项的咨询予以解释或者说明等。

对信息进行必要检索，或者依照条例第三十七条的规定对信息作区分处理的，不属于加工、分析。

第十九条 申请人主张被申请人对政府信息公开申请未予处理，被申请人主张申请人对申请内容无正当理由逾期不补正或者补正后仍不明确的，重点审查下列事项：

（一）原申请内容或者补正的申请内容是否明确；

（二）被申请人是否明确告知需要补正事项及合理补正期限；

（三）被申请人是否向申请人送达补正告知，申请人收到后在补正期限内是否补正或者逾期未补正是否有正当理由。

第二十条 申请人主张被申请人主动公开或者依申请向他人提供政府信息损害其商业秘密、个人隐私等合法权益的，重点审查下列事项：

（一）该信息是否涉及商业秘密、个人隐私等公开后会对申请人合法权益造成损害；

（二）被申请人征求申请人意见时其是否同意公开；

（三）不公开是否可能对公共利益造成重大影响。

第二十一条 申请人主张被申请人对政府信息公开申请所作处理超过法定期限的，重点审查下列事项：

（一）被申请人收到该申请的时间。被申请人要求对申请内容予以补正的，收到补正申请的时间；

（二）被申请人对该申请作出处理的时间，被申请人是否延长政府信息公开答复期限；

（三）是否存在基于特殊事由所需时间不计算在政府信息公开答复期限内的情形。

前款第三项所指的所需时间包括因政府信息公开申请未向政府信息公开工作机构提出而需要流转的合理时间，或者被申请人基于法定事由征求第三方或者其他机关、组织意见的时间。

第二十二条 对于下列情形，依照《中华人民共和国行政复议法实施条例》第四十八条第一款第一项的规定，驳回行政复议申请：

（一）申请公开的信息不属于政府信息的；

（二）重复申请公开相同信息，且被申请人曾经作出答复的；

（三）申请对政府信息加工、分析的；

（四）申请公开内容不明确，且无正当理由逾期不补正或者补正后仍不明确的；

（五）申请公开政府信息的数量、频次明显超过合理范围，且未按要求说明理由或者说明理由不合理的；

（六）申请公开本人已经知晓的政府信息，或者信息已经公开，要求提供原载体或者复制件的。

第二十三条 申请人主张被申请人对政府信息公开申请未予处理，理由成立的，责令被申请人依法处理；理由不成立的，依照《中华人民共和国行政复议法实施条例》第四十八条第一款第一项的规定，驳回行政复议申请。

第二十四条 对于下列情形，维持被申请人所作答复：

（一）申请公开的政府信息已经主动公开，准确告知获取的方式、途径的；

（二）申请公开的政府信息可以公开，准确提供信息或者告知获取的方式、途径和时间的；

（三）告知不属于本机关公开、政府信息不存在、不予公开，理由成立的；

（四）法律、行政法规对申请公开信息的获取有特别规定，告知依照有关规定办理的；

（五）对申请公开的信息作区分处理，符合规定的。

对于前款所列情形，作出答复超过法定期限等违反法定程序的，确认违法。

第二十五条 对于下列情形，撤销被申请人所作答复并责令依法重新处理：

（一）提供的信息或者告知获取的方式、途径不准确的；

（二）告知不属于本机关公开、不予公开，理由不成立或者未说明理由的；

（三）告知信息不存在，理由不成立的；

（四）告知依照有关法律、行政法规的特别规定获取信息，理由不成立的；

（五）对申请公开的信息作区分处理，不符合规定的；

（六）告知不予处理，理由不成立的。

第二十六条 对于下列情形，确认政府信息公开行为违法，并可以责令被申请人采取相应的补救措施：

（一）公开的政府信息依法不得公开的；

（二）公开政府信息损害申请人的商业秘密、个人隐私等合法权益，且不具有公开的法定事由的。

第二十七条 申请人以公开政府信息损害其商业秘密、个人隐私等合法权益为由反对公开，理由不成立的，认定侵权事实不存在，依照《中华人民共和国行政复议法实施条例》第四十八条第一款第二项的规定，驳回行政复议申请。

第二十八条 本规定自印发之日起施行。2016 年 1 月 21 日印发的《公安机关办理政府信息公开行政复议案件若干问题的规定》同时废止。

司法实务问题研究

网络执行查控系统在办理财产保全上存在的问题和建议

龚 杨*

一、从办理两起财产保全案件的经历谈起

最近，笔者参与了两起财产保全案件的办理，在办案过程发现目前的网络执行查控系统在办理财产保全事项上还存在着一些问题亟待解决。

办理第一起财产保全案件的经过是：甲公司申请冻结乙公司的银行存款6500万元，并提供了乙公司的建设银行账户信息。受理甲公司保全申请后，法院迅速通过网络查控系统冻结了乙公司的建设银行账户存款，冻结额度为6500万元，实际控制金额为4813419元。之后，法院还通过网络查控系统查到乙公司尚有其他银行账户，并冻结了其中的农业银行账户，金额为60186581元。由于法院已经足额冻结了乙公司银行存款，乙公司请求解除对建设银行账户存款超过4813419元部分的冻结。法院认为，乙公司的请求符合法律规定，并派员前往建设银行办理。结果银行表示，通过查控系统冻结银行存款的，不能线下办理解除冻结，仍应通过查控系统办理。同时，查控系统在处理解封事项时，被设定为只能解除全部冻结，而不能解除部分冻结。为此法院只能采取“曲线救国”的方式实现部分解冻的目的。即分两步走：第一步，现场冻结乙

* 作者单位：浙江省舟山市中级人民法院。

公司建设银行账户存款（属轮候冻结），金额为4813419元（没有设置冻结额度）。第二步，通过查控系统解除对乙公司建设银行账户存款的第一次的冻结（冻结额度6500万元）。

办理第二起财产保全案件的经过是，丙公司在一审诉讼过程中申请冻结丁公司银行存款。一审法院受理丙公司的保全申请后，通过查控系统冻结了丁公司的工商银行账户存款。案件进入二审诉讼程序后，丙公司与丁公司达成和解。丁公司撤回上诉，丙公司向二审法院申请解除冻结。法院认为，丙公司的申请符合法律规定，应当解除对丁公司银行账户的冻结。但是，不知是查控系统设置的原因，还是协助办理的银行机构不认可（作出冻结的法院与解除冻结的法院不是同一个），二审法院无法通过执行网络查控系统实现解除冻结，只能委托一审法院办理解除冻结。

二、执行网络查控系统在办理财产保全事项上存在的问题

从上述两起财产保全案件的办理经过来看，当前网络执行查控系统在办理财产保全事项上存在着以下两个方面的问题。

第一个方面的问题是有些符合法律规定的财产保全措施无法通过网络查控系统实施。对于一些合乎法律规定的财产保全措施（包括解除对财产的保全），查控系统在设计时没有考虑周全，没有把这部分财产保全措施考虑在内，导致无法直接通过查控系统实施。作为协助执行保全措施的金融机构，也无法通过其业务系统完成相关操作。例如上述案例中反映出来的无法解除对部分财产采取的保全措施、二审法院无法解除一审法院采取的保全措施等。网络查控系统建立的目的本来是为了通过技术手段，方便法院办理财产保全案件，结果反倒给办理财产保全带来了不便，使得法院不得不走“弯路”以达到保全目的。

第二个方面的问题是网络查控系统没有与线下保全措施实现互通。通过网络查控系统实施的保全措施，法院无法现场（线下）办理解除或变更。这在上述案例中已有所体现。出现这种状况，与最高人民法院“总对总”系统的查控操作规则有关。因为规则明确，对被执行人的银行存款进行冻结时，不得进行线上、线下混同操作，否则银行系统无法识别。对此，笔者以为，通过网

络查控系统实施财产保全不应该排斥法院现场（线下）采取财产保全措施。通过查控系统这种线上操作的方式实现财产保全，与线下操作方式实现财产保全，两种方式有其各自的优势。特别是司法实践中，财产保全的情况多种多样，网络查控系统未必做到了全覆盖，并且线下的保全措施更加灵活。所以，在坚持原来是线上保全，后续解保、续保、扣划等原则上须采用线上方式的同时，不妨允许线下方式作为补充。

三、完善网络执行查控系统的建议

一是要尽量把司法实践中发生的各种各样的财产保全措施纳入网络查控系统中去，同时要做好与各金融机构的协调沟通，促使金融机构完善自身业务系统，便于金融机构协助办理新的财产保全措施。由于“总对总”查控系统是最高人民法院与金融机构总行建立的，因此这项工作宜由最高人民法院牵头实施。各地法院应及时将司法实践遇到的，却未纳入查控系统的保全措施反馈给最高人民法院。最高人民法院根据司法实践的需要，对查控系统进行完善。例如，增加对保全财产部分解冻、办理上诉案件的上级法院可以解除下级法院采取的保全措施等内容。财产保全措施的实施最终要落实到各金融机构，因此在完善查控系统的同时，由最高人民法院通过与各金融机构总行的协调，让各金融机构按照保全措施的要求，完善自身业务系统，使新的保全措施能够通过系统完成操作。

二是要实现网络查控系统与线下财产保全措施的互通。基于司法实践的切实需要，有必要实现网络查控系统与线下财产保全措施的互通。为此，一方面，要从技术层面为网络查控系统与线下财产保全措施互通提供接口。线下保全措施形成的电子数据要能通过接口进入网络查控系统和银行的业务系统中；另一方面，要从规范层面对线下保全措施与网络查控系统互通进行约束，明确列明可以互通的情形。

新类型疑难案例选评

黄某勇与李某媚的合同纠纷执行案*

张　俞**

【执行要旨】

在执行实务中，经常会遇到作为自然人的被执行人名下无可供执行的财产，而其配偶名下却有可供执行的财产的这种情况。对于被执行人配偶名下的财产能否执行、如何执行以及其救济程序如何链接等问题，因法律并无明确的规定，一直以来都是法院执行实务中争议较大的热点问题之一。本文笔者通过黄某勇与李某媚合同纠纷案件的执行，从执行的视角，浅析被执行人的配偶名下财产执行的这些法律问题。

【基本案情】

申请执行人：黄某勇。

被执行人：李某媚。

根据其生效的执行依据即（2018）浙0304民初7043号民事判决书认定：2011年1月26日，黄某勇因购买三产返回田指标而向李某媚支付指标转让款1132588元。同年7月，黄某勇多次向李某媚要求解除合同，同时要求李某媚返还其指标转让款，但李某媚基于经济能力而未予返还。黄某勇遂向浙江省温州市瓯海区人民法院提起诉讼。法院经审理，作出（2018）浙0304民初7043

* 案例索引：浙江省温州市瓯海区人民法院（2019）浙0304执1403号。

** 作者单位：浙江省温州市瓯海区人民法院。

号民事判决：一、确认黄某勇与李某媚之间的三产返回田（安置）指标买卖合同关系已经解除；二、李某媚应于判决生效之日起十日内返还黄某勇指标转让款 1132588 元。该判决生效之后，由于李某媚没有履行其义务，黄某勇向本院申请强制执行，法院予以受理，其执行案号为（2019）浙 0304 执 1403 号。

【执行过程】

在执行过程中，法院未发现被执行人李某媚名下有可供执行的财产，申请执行人黄某勇向本院提供财产线索，称被执行人李某媚的配偶名下的拆迁房屋属于被执行人与其配偶的共同财产，申请法院予以执行，同时黄某勇向本院提供了书面担保。对于申请执行人黄某勇提供的这条财产线索，法院进行了调查，查明登记在被执行人李某媚的配偶名下的该拆迁房屋，确实建于被执行人李某媚与其配偶的婚姻关系存续期间的 2004 年间，目前该房屋已被拆迁。法院作出（2019）浙 0304 执 1403 号执行裁定书，查封了被执行人李某媚对该拆迁房屋享有的 50% 份额的拆迁补偿权益。同时，法院向被执行人李某媚的配偶发出通知，告知其名下的该拆迁房屋 50% 份额的拆迁补偿权益，法院经调查认定为被执行人李某媚的财产予以查封，并将对其依法进行拍卖、变卖或以物抵债，用以偿还被执行人李某媚的债务。通知书中同时告知被执行人的配偶，如对该财产的执行有异议的，可以依照《中华人民共和国民事诉讼法》第二百二十七条的规定，向执行法院书面提出案外人执行异议。

[评析]

从执行的视角浅析被执行人的配偶名下财产执行的法律问题

一、本案对被执行人的配偶名下财产的执行具有一定参考价值

在执行实践中，尤其是自然人为被执行人的金钱给付义务的执行案件中，被执行人名下无可供执行的财产，而被执行人配偶的名下却有可供执行财产的案件数量较多。这其中固然有现代社会的夫妻财产地位平等化而出现的婚姻财

产性质多元化的情况，但也其中也存在为规避责任或逃避执行，早在交易、诉讼或执行之前，一方就已将其个人财产或夫妻共同财产登记在配偶名下的情况。对于前者，法院应充分尊重被执行人配偶的财产权；但对于后者，法院如果简单地以财产登记在被执行人的配偶名下，就将其财产排除在执行范围之外，致使原本应当执行的财产没有执行，既使胜诉债权人的合法权益不能得以及时实现，又影响和损害了社会诚信体系的构建与信心。再则，对于被执行人配偶名下财产，如何执行，实践中做法不一，有的是将被执行人的配偶先追加为被执行人，再执行被执行人配偶名下的财产；有的是要求债权人先去诉讼确认被执行人对其配偶名下财产的共有份额，再持其生效判决来执行被执行人配偶名下的财产；有的是撇开申请执行人，法院积极主动地去执行被执行人配偶名下的财产；等等。本案的执行思路，对此类被执行人的配偶名下财产的执行，具有一定的参考价值。

二、对被执行人的配偶名下的财产开展调查的法律规定

本案在执行过程中，法院没有发现被执行人李某媚名下有可供执行的财产，申请执行人黄某勇随后向法院提供被执行人李某媚的配偶名下的财产线索，称该财产是被执行人李某媚和其配偶的共同财产，法院随即展开调查。根据《最高人民法院关于民事执行中财产调查若干问题的规定》关于“申请执行人应当提供被执行人的财产线索”“对于财产线索，人民法院应当在七日内调查核实，情况紧急的，应当在三日内调查核实”等规定，为切实维护当事人及利害关系人的合法权益，法院除依职权开展调查之外，对申请执行人提供的财产线索应当进行调查核实。因此，只要涉及被执行人的财产线索，无论其财产性质是被执行人单独所有，还是与配偶或其他人共有，法院均应当依法调查。

三、对被执行人的配偶不能追加为被执行人的理论分析

在执行实践中，对于被执行人的配偶名下财产的执行，有些法院先追加被执行人配偶为被执行人，再执行其配偶名下的财产。出现这种情况，一是法律对此并无明确规定；二是最高人民法院对此曾先后出现过可以追加、不能追

加、视情况执行的三种不同裁判案例的影响①。本案在执行过程中，法院并没有追加被执行人的配偶为被执行人，是基于以下因素的考量：

首先，追加被执行人的配偶为被执行人没有法律依据。《最高人民法院关于民事执行中变更、追加当事人若干问题的规定》第一条规定"执行过程中，申请执行人或其继承人、权利承受人可以向人民法院申请变更、追加当事人。申请复核法定条件的，人民法院应予以支持"，即追加被执行人应从法定。被执行人的配偶不属于法定追加为被执行人的情形，故依法不能予以追加。

其次，未经审判依法不能裁定被执行人的配偶承担责任。《最高人民法院关于依法妥善审理涉及夫妻债务案件有关问题的通知》的第二条规定"未经审判程序，不得要求未举证的夫妻一方承担民事责任"，故在执行过程中，依法不能追加被执行人的配偶为被执行人，再执行被执行人的配偶名下的财产为执行依据的义务承担责任。

四、对被执行人的配偶名下的财产直接执行的法律分析

本案中，对于申请执行人周某勇提供的被执行人李某媚的财产线索及申请，法院是在调查确认其财产共有性质之后，对登记在被执行人配偶名下的被执行人李某媚享有的50%份额的房屋拆迁补偿权益予以查封。这体现两层含义：一是被执行人的配偶不是执行依据的义务人，法院充分尊重被执行人配偶的财产权；二是登记在被执行人配偶名下的与被执行人李某媚共有的财产，法院直接认定其为50%份额，不经诉讼地直接执行。

其执行路径：（1）依申请调查；（2）认定份额；（3）直接执行。

首先，符合执行效率原则。如果债权人另行诉讼，确认被执行人配偶名下的财产系与被执行人共有财产，同时确认被执行人对其所享有的份额之后，再以该确认共有财产和份额的生效法律文书作为被执行人的财产依据，申请法院对被执行人的财产份额予以执行，这个诉讼思路固然是法律所准许的，但从执

① 最高人民法院的（2015）执复字第3号执行裁定书，认为在执行阶段可以追加被执行人的配偶为被执行人；最高人民法院的（2015）执申字第111号执行裁定书，认为在执行阶段不能追加被执行人的配偶为被执行人；最高人民法院的（2014）执监字第106号民事裁定书，认为可视具体案情而定，事实基本清楚的可以在执行程序中直接推定为夫妻共同财产，并执行夫妻共同财产和配偶个人财产；事实比较复杂的，应通过审判程序确定。

行视角审视，不符合执行效率原则。

其次，符合相关法律本意。对于被执行人与其配偶共有的财产，法院可以查封、冻结或扣押，并及时通知共有人。共有人不分割其财产的，虽然《最高人民法院关于人民法院民事执行中查封、扣押、冻结财产的规定》第十四条第三款规定"共有人提起析产诉讼或者申请执行人代位提起析产诉讼的，人民法院应当准许。诉讼期间中止对该财产的执行"，但最高人民法院在（2017）最高法民申2083号民事裁定中认为"该条是赋予共有人提起析产诉讼或者申请执行人代为析产诉讼的权利，而非提起析产诉讼的法定义务，被执行人的配偶认为债权人应该积极提起析产诉讼的主张，缺乏法律依据"，即该条的本意并不是规定共有人或者申请执行人必须先提起析产诉讼确认。

最后，符合公平原则。对被执行人与其配偶共有的财产，法院在采取查封、冻结或扣押之后，通知其共有人，如果共有人既没有向法院提供其共有份额的材料，也不提供经债权人认可的财产分割协议，法院认定被执行人对其配偶名下的共有财产享有50%的份额，这种分割认定既符公平，也合常理。

五、对被执行人的配偶名下财产执行的知情权和救济权的保护

本案中，法院经调查认定登记在被执行人配偶名下的财产系与被执行人李某媚的夫妻共有财产，遂裁定对被执行人配偶名下的被执行人李某媚享有的50%份额的拆迁房屋安置补偿权益进行了查封。法院对此向被执行人的配偶发出通知，告知被执行人的配偶如果其执行有异议的，可以按照《中华人民共和国民事诉讼法》第二百二十七条的规定向法院提出案外人执行异议。

法院根据申请执行人提供的财产线索和申请，通过执行调查，对被执行人的配偶名下的财产认定为与被执行人共有，且份额各为50%。这种财产性质的认定，毕竟不同于诉讼中在双方当事人充分行使诉讼权利之下，法院依据事实和法律对所争议的财产性质的确认，且其确认的法律文书已生效，执行中对登记在被执行人的配偶（案外人）名下财产的共有认定只是"推定"。为了既及时对被执行人的财产进行查封、冻结或扣押，又充分保障被执行人的配偶的知情权和救济权，法院在对被执行人的配偶名下的财产采取查封、冻结或扣押等的控制性执行措施时，应及时通知被执行人的配偶，以充分保障被执行人的配偶的知情权和救济权，以切实维护其合法权益。

《最新法律文件解读》丛书

稿　约

《最新法律文件解读》是一套以为最新法律规范提供同步"解读"为主的系列丛书，分为刑事、民事、商事、行政与执行4个分册，按月出版。

本丛书以"解读"为重点，突出全、专、新、快、准等特点，通过对最新出台的法律、法规、司法解释、部门规章以及重要地方性法规进行同步动态解读，弥补了法律、法规、司法解释汇编类出版物没有同步阐释、解读内容的不足，为广大读者学习理解最新法律规范，正确贯彻执行法律文件，及时解决实践中的新情况、新问题，提供一个全方位、多层面的法律信息平台。

欢迎您向以下栏目赐稿：

【最新法律文件解读】主要是对最新颁行的法律文件进行解读，帮助司法和执法人员正确理解法律文件的立法背景、意义、重点内容、在适用中应注意的问题、与相关法律文件的衔接与互动关系等。

【司法实务问题研究】主要刊登对司法理论、实务及司法管理工作中的热点、疑难问题进行研究及评论的文章。

【新类型疑难案例选评】主要是对司法和行政执法实践中具有典型性和代表性的疑难案例，结合具体案情以及审理或处理结果进行简练精辟的点评，解析认识问题的方法、处理问题的法律依据和在个案中的具体适用。

【法学前沿与新视点】以摘要的形式刊登相关法学理论研究的最新动态及具有代表性和典型性的前沿问题，扩展法学研究的深度和广度。

【法律适用问题解答】主要针对司法和行政执法实践中面临的新问题、热点问题、疑难问题进行简要的解答，指出涉及的法律关系，明确法律适用依据。

稿件一经刊用即付稿酬，稿酬从优。

《刑事法律文件解读》　姜　峤　邮箱:bj85250573@126.com

《民事法律文件解读》　丁丽娜　邮箱:dlnlaw@163.com

《商事法律文件解读》　路建华　邮箱:shangshijiedu@126.com

《行政与执行法律文件解读》　张　奎　邮箱:271717306@qq.com

人民法院出版社

《最新法律文件解读》丛书编辑部